Gabriele Hildmann | Jörg Fischer

Finanzierung

INTENSIVTRAINING

Der günstige Preis dieses Buches wurde durch großzügige Unterstützung der

MLP Finanzdienstleistungen AG Heidelberg

ermöglicht, die sich seit vielen Jahren als Partner der Studierenden der Wirtschaftswissenschaften versteht.

Als führender unabhängiger Anbieter von Finanzdienstleistungen für akademische Berufsgruppen fühlt sich MLP Studierenden besonders verbunden. Deshalb ist es MLP ein Anliegen, Studenten mit dem ⓟ MLP REPETITORIUM Informationen zur Verfügung zu stellen, die ihnen für Studium und Examen großen Nutzen bieten, der sich schnell in Erfolg umsetzen lässt.

MLP REPETITORIUM

Gabriele Hildmann | Jörg Fischer

Finanzierung

INTENSIVTRAINING

REPETITORIUM WIRTSCHAFTSWISSENSCHAFTEN
HERAUSGEBER: VOLKER DROSSE | ULRICH VOSSEBEIN

GABRIELE HILDMANN ist Geschäftsführerin einer Unternehmensberatung mit den Schwerpunkten Qualitätsmanagement und Marketing. Darüber hinaus ist sie seit mehreren Jahren als Lehrbeauftragte an der Fachhochschule Giessen-Friedberg tätig.

JÖRG FISCHER ist als Unternehmensberater in der Finanzdienstleistungsbranche tätig. Zuvor war er im Controlling bei verschiedenen Kreditinstituten. Als nebenberuflicher Dozent unterrichtet er an der International Business School Bad Homburg und an der Bankakademie.

Die Deutsche Bibliothek–CIP-Einheitsaufnahme

Hildmann, Gabriele:
Finanzierung-Intensivtraining / Gabriele Hildmann; Jörg Fischer – Wiesbaden: Gabler, 2002
(MLP-Repetitorium) (Repetitorium Wirtschaftswissenschaften)
ISBN-13: 978-3-409-12618-2   e-ISBN-13: 978-3-322-86721-6
DOI: 10.1007/978-3-322-86721-6

1. Auflage September 2002

Alle Rechte vorbehalten
© Betriebswirtschaftlicher Verlag Dr. Th. Gabler GmbH, Wiesbaden, 2002.

Der Gabler Verlag ist ein Unternehmen der Fachverlagsgruppe BertelsmannSpringer.
http://www.gabler.de

Das Werk einschließlich aller seiner Teile ist urheberrechtlich geschützt. Jede Verwertung außerhalb der engen Grenzen des Urheberrechtsgesetzes ist ohne Zustimmung des Verlags unzulässig und strafbar. Das gilt insbesondere für Vervielfältigungen, Übersetzungen, Mikroverfilmungen und die Einspeicherung und Verarbeitung in elektronischen Systemen.

Die Wiedergabe von Gebrauchsnamen, Handelsnamen, Warenbezeichnungen usw. in diesem Werk berechtigt auch ohne besondere Kennzeichnung nicht zu der Annahme, dass solche Namen im Sinne der Warenzeichen- und Markenschutz-Gesetzgebung als frei zu betrachten wären und daher von jedermann benutzt werden dürften.

Lektorat   Jutta Hauser-Fahr / Annegret Eckert
Umschlagkonzeption   independent, München

ISBN-13: 978-3-409-12618-2

Vorwort zum Repetitorium Wirtschaftswissenschaften

Das Repetitorium Wirtschaftswissenschaften richtet sich an Dozenten und Studenten der Wirtschaftswissenschaften, des Wirtschaftsingenieurwesens und anderer Studiengänge mit wirtschaftswissenschaftlichen Inhalten an Universitäten, Fachhochschulen und Akademien. Es ist gleichermaßen zum Selbststudium für Praktiker geeignet, die auf der Suche nach einem fundierten theoretischen Hintergrund für ihre Entscheidungen in den Unternehmen sind.

In allen Bänden des Repetitoriums wird besonderer Wert auf Beispiele, Übersichten und Übungsaufgaben gelegt, die die Erarbeitung des jeweiligen Lernstoffs erleichtern und das Gelernte festigen sollen. Zur Sicherung des Lernerfolgs dienen auch die zahlreichen Tipps zur Lösung der Aufgaben, die vor einem Vergleich der eigenen Lösung mit der Musterlösung eingesehen werden sollten. Sie enthalten einerseits die Resultate der Musterlösungen und zum anderen Hinweise zum Lösungsweg.

Der Band Finanzierung stellt die wichtigsten Schritte der Finanzplanung dar, verdeutlicht die finanzwirtschaftlichen Entscheidungskriterien und gibt einen Überblick über die Finanzierungsarten und Instrumente. Im letzten Kapitel werden die wesentlichen Elemente des Finanzcontrolling diskutiert.

Für Anregungen, die der weiteren inhaltlichen und didaktischen Verbesserung des Repetitoriums dienen, sind wir dankbar.

Die Herausgeber

Volker Drosse *Ulrich Vossebein*

Inhaltsverzeichnis

1 **Finanzwirtschaft des Unternehmens** 1
   1.1 Die finanzwirtschaftlichen Ziele 1
       1.1.1 Interessengruppen und praktische Implikationen 2
       1.1.2 Die Operationalisierung der Ziele 7
   1.2 Die Aufgaben der Finanzwirtschaft 10
   1.3 Die Bilanz als Spiegel der Finanzwirtschaft 10
   1.4 Grundbegriffe der Finanzierung 16
       1.4.1 Der Finanzierungsbegriff 17
       1.4.2 Finanzielles Gleichgewicht, Liquidität und Rentabilität ... 18
       1.4.3 Liquiditätskennzahlen 20
   1.5 Finanzierung und Besteuerung 22
Übungsaufgaben zum 1. Kapitel 23

2 **Finanzplanung** 26
   2.1 Der Produktionsprozess und der Kapitalbedarf 27
       2.1.1 Die mengenbezogenen Einflussfaktoren auf den Kapitalbedarf 29
       2.1.2 Die anderen Einflussfaktoren auf den Kapitalbedarf 34
   2.2 Aspekte der Finanzplanung 35
       2.2.1 Zeitliche Aspekte der Finanzplanung 36
           2.2.1.1 Die kurzfristige Finanzplanung 36
           5.3.1.1 Die langfristige Finanzplanung 37
       2.2.2 Arten der Finanzplanung 39
           2.2.2.1 Die elastische Finanzplanung 39
           2.2.2.2 Die rollierende Finanzplanung 40
           2.2.2.3 Die alternative Finanzplanung 40
   2.3 Finanzierungspolitik 41
       2.3.1 Bilanzkennzahlen als Steuerungsgrößen 41
           2.3.1.1 Horizontale Bilanzkennzahlen 42
           2.3.1.2 Vertikale Bilanzkennzahlen 44
       2.3.2 Das Management der Kapitalstruktur 45
           2.3.2.1 Das Kapitalstrukturrisiko 45

    2.3.2.2 Der Leverage-Effekt 46
    2.3.2.3 Die traditionelle These vom
       optimalen Verschuldungsgrad 48
    2.3.2.4 Die These von Modigliani-Miller 50
Übungsaufgaben zum 2. Kapitel 54

3 Finanzwirtschaftliche Entscheidungskriterien 57
 3.1 Kapitalkostenmanagement 60
  3.1.1 Ermittlung der Fremdkapitalkosten 60
  3.1.2 Ermittlung der Eigenkapitalkosten 65
  3.1.3 Ermittlung der Gesamtkapitalkosten 70
 3.2 Liquidität 72
  3.2.1 Statische Liquidität 73
  3.2.2 Dynamische Liquidität 75
 3.3 Management finanzwirtschaftlicher Risiken 78
  3.3.1 Das Liquiditätsrisiko 82
  3.3.2 Das Adressenausfallrisiko 82
  3.3.3 Das Marktpreisrisiko 85
  3.3.4 Das Betriebsrisiko 87
  3.3.5 Das Rechtsrisiko 88
Übungsaufgaben zum 3. Kapitel 89

4 Finanzierungsarten und Finanzierungsinstrumente 96
 4.1 Die Außenfinanzierung 98
  4.1.1 Beteiligungsfinanzierung 100
    4.1.1.1 Beteiligungsfinanzierung bei
       unterschiedlichen Rechtsformen 102
    4.1.1.2 Beteiligungsfinanzierung bei
       Aktiengesellschaften 104
    4.1.1.3 Moderne Formen der Beteiligungs-
       finanzierung 118
  4.1.2 Fremdfinanzierung 119
    4.1.2.1 Die Kreditwürdigkeitsprüfung 119
    4.1.2.2 Langfristige Fremdfinanzierung 120
    4.1.2.3 Kurz- und mittelfristige Fremdfinanzierung 126
  4.1.3 Mischformen der Beteiligungs- und Fremd-
    finanzierung 131

- 4.2 Die Innenfinanzierung 135
  - 4.2.1 Die Gewinnthesaurierung 135
  - 4.2.2 Finanzierung aus Abschreibungen 137
  - 4.2.3 Finanzierung aus Rückstellungen und Umschichtungen 140
- 4.3 Die Kreditsubstitute 141
  - 4.3.1 Factoring 141
  - 4.3.2 Asset-Backed-Securities (ABS) 143
  - 4.3.3 Leasing 144

Übungsaufgaben zum 4. Kapitel 146

5 Finanzcontrolling 152

- 5.1 Zusammenspiel von Finanzcontrolling und -management 152
- 5.2 Der Prozess der finanzwirtschaftlichen Unternehmenssteuerung 153
- 5.3 Methoden zur finanzwirtschaftlichen Unternehmenssteuerung 155
  - 5.3.1 Wertorientierte Unternehmenssteuerung 155
    - 5.3.1.1 Cashflow-Return-on-Investment (CFROI) 156
    - 5.3.1.2 Economic-Value-Added (EVA) 158
  - 5.3.2 Risikocontrolling und -management 160
    - 5.3.2.1 Risikokalküle 162
    - 5.3.2.2 Risikoquantifizierung am Beispiel der Durationanalyse 163
  - 5.3.3 Finanzdispositionscontrolling/Cash-Management 166

Übungsaufgaben zum 5. Kapitel 169

Tipps zur Lösung der Übungsaufgaben 172

Musterlösungen zu den Übungsaufgaben 175

Literaturempfehlungen 191

Stichwortverzeichnis 192

1 Finanzwirtschaft des Unternehmens

Im Allgemeinen beschäftigt sich die Finanzwirtschaft sowohl mit der Kapitalbeschaffung als auch mit der Kapitalnutzung. Dabei können zwei verschiedene Blickrichtungen der Finanzierungstheorie unterschieden werden. In der traditionellen, güterwirtschaftlichen Finanzwirtschaft steht stets das Unternehmen als organisatorisches Gebilde im Mittelpunkt der Erklärung. Es gilt die Frage zu beantworten, welche finanzwirtschaftlichen Aktivitäten von Unternehmensseite nötig sind, um den Fortbestand zu ermöglichen. Die Finanzplanung und die Finanzierungstechnik sind typische Forschungsbereiche der traditionellen Finanzwirtschaft. Der enge Bezug zum güterwirtschaftlichen Bereich ergibt sich aufgrund des realwirtschaftlich bedingten Volumens bzw. der zeitlichen Anordnung der Ein- und Auszahlungen.

Die moderne, entscheidungsorientierte Finanzwirtschaft setzt sich mit dem Entscheidungsverhalten einzelner Wirtschaftssubjekte auseinander. Aufgrund der Rationalitätsannahme ist der Entscheider bestrebt, seinen Nutzen zu maximieren. Das Unternehmen ist somit nur ein mögliches Instrument, um die eigenen Ziele zu verwirklichen. Zwar behandelt der entscheidungsorientierte Ansatz alle Aspekte, die auch von der traditionellen Finanzwirtschaft behandelt werden, er hat jedoch die – von persönlichen Konsumpräferenzen unabhängige – Beurteilung von Zahlungsströmen zum Ziel. Neben der Suche nach der optimalen (= nutzenmaximalen) Finanzierung und Kapitalallokation stellt die Erklärung des Verhaltens verschiedener Interessengruppen, innerhalb und außerhalb eines Unternehmens, einen wesentlichen theoretischen Schwerpunkt dar.

1.1 Die finanzwirtschaftlichen Ziele

Die Finanzwirtschaft bildet einen Teil des Systems „Unternehmen". Entsprechend muss sie die strategischen und operativen Ziele des Unternehmens unterstützen. Im Rahmen dieses Zielkatalogs sind dann die finanzwirtschaftlichen Ziele, unter Berücksichtigung bestehender Interdependenzen, festzulegen. Neben der Liquidität sind die Rentabilität, die Risikoabsicherung, die Sicherheit des Kapitaleinsatzes und der Erhalt der Unabhängigkeit typische finanzwirtschaftliche Ziele. Daneben sind auch behavioristische Ziele, wie Macht oder Prestige, zu berücksichtigen. Die unterschiedlichen Ziele werden unter Berücksichtigung ihrer Relevanz in der unternehmerischen Nutzenfunktion aggregiert. Somit wird die Nutzenfunktion vom Einfluss der unterschiedlichen Interessengruppen innerhalb und außerhalb des Unternehmens bestimmt.

1.1.1 Interessengruppen und praktische Implikationen

Am unternehmerischen Geschehen sind eine Reihe von Interessengruppen beteiligt, die ganz unterschiedliche Ziele verfolgen. Tabelle 1.1 gibt einen Überblick über die unterschiedlichen finanzielle Ziele der einzelnen Interessengruppen.

Tabelle 1.1: Finanzielle Ziele der Interessengruppen

Interessengruppe	Finanzielle Ziele
Eigenkapitalgeber (Shareholder)	Hohe Ausschüttungen und Steigerung der Anteileswerte aufgrund hoher Gewinne, Kontroll- und Einflussmöglichkeiten
Fremdkapitalgeber	Hohe und sichere Verzinsung, sicherer Rückfluss der Ausleihung, Minimierung der Risiken bei der Mittelverwendung, gute Möglichkeit der Liquidierung der Kapitalverwendung
Management	Hohes Einkommen, großer Entscheidungsspielraum hinsichtlich des Mitteleinsatzes
Mitarbeiter	Sicheres Einkommen, Liquidität des Unternehmens
Kunden	Gutes Preis-Leistungsverhältnis, Zahlungsfähigkeit bei Garantieleistungen, Lieferfähigkeit
Lieferanten	Stabiler Absatz, Einhaltung vereinbarter Zahlungsziele, ausreichende Liquidität
Staat	Hohe Steuereinnahmen aufgrund hoher Gewinne

Die am unternehmerischen Geschehen Beteiligten lassen sich zu zwei großen Gruppen zusammenfassen. Neben den Anteilseignern/Eigenkapitalgebern, den so genannten **Shareholdern,** sind dies die **Stakeholder.** Als Stakeholder werden alle übrigen Interessengruppen bezeichnet. Dies sind: das Management, die Mitarbeiter, die Kunden, die Lieferanten, die Wettbewerber sowie der Staat und die Interessenvertreter (Verbrauchergemeinschaften, Gewerkschaften u.ä.).

Da Unternehmen Kapital zur Durchführung ihrer Investitionen benötigen, und es erst zu einem späteren Zeitpunkt durch den Absatz von Leistungen zu Einzahlungen kommt, besteht zunächst ein Bedarf an Eigen- oder Fremdkapital. Die Bereitschaft der Kapitalgeber, sich finanziell zu engagieren, hängt einerseits von der Leistungsfähigkeit des Unternehmens, gemessen an der Verzinsung des eingesetzten Kapitals, der Wertsteigerung der Anteile und der Sicherheit der Rückzahlungen, und andererseits von den Handlungsalternativen ab. Entsprechend stehen sowohl die Kapitalanleger untereinander als auch die Kapitalsuchenden untereinander im Wettbewerb. Dies ermöglicht, dass die finanziellen Mittel stets in die Unternehmen fließen, in denen sie, bei gegebener Sicherheit, die höchsten Gewinne ermöglichen. In den letzten Jahren hat sich die betriebswirtschaftliche Theorie intensiv mit den Interessen der Shareholder (Shareholder-Value) auseinandergesetzt. Dies war, angesichts einer durchschnittlichen Eigenkapitalquote (Verhältnis zwischen Eigen- und Gesamtkapital multipliziert mit 100) der US-amerikanischen Unternehmen von etwa 80 %, dringend notwendig. Die Diskussion legte jedoch auch die Probleme offen, die eine einseitige Orientierung an den Zielen einer Interessengruppe mit sich bringt. Prinzipiell kann festgehalten werden, dass es zu hohen Reibungsverlusten führt, wenn durch die Dominanz der Shareholder die Stakeholder ihre elementarsten Interessen verletzt sehen.

Beispiel 1.1: Finanzierungssituation deutscher Unternehmen

> In Deutschland liegt die Eigenkapitalquote durchschnittlich bei rund 18 %. Dies ist zunächst auf den hohen Anteil von Personengesellschaften und Einzelunternehmen zurückzuführen, die nur schwer Zugang zum Kapitalmarkt finden. Aber auch die Eigenkapitalquote der Kapitalunternehmen liegt mit durch-

schnittlich 24 % vergleichsweise niedrig, obwohl diese einen leichteren Zugang zum Kapitalmarkt haben (vgl. Tabelle 1.2). Der Schwerpunkt des Fremdkapitals liegt auf den kurzfristigen Verbindlichkeiten, die mit rund 45 % die größte Einzelposition auf der Passivseite aller Unternehmen darstellt.

Tabelle 1.2: Kapitalausstattung der deutschen Unternehmen 1999 in % der Bilanzsumme (Quelle: Deutsche Bundesbank)

Position	Alle Rechtsformen	Nur Kapitalgesellschaften
KAPITAL (in %)		
- Eigenmittel	17,6	24,3
- Fremdmittel	81,9	75,1
Verbindlichkeiten	62,4	50,4
- kurzfristig	44,9	39,4
- langfristig	17,5	11,0
Rückstellungen	19,6	24,7
- davon Pensionsrückst.	8,3	10,8
Rechnungsabgrenzungsposten	0,5	0,6

Der Zugang zum Kapitalmarkt erklärt nur zum Teil die relativ niedrige Eigenmittelquote. Häufig wird deshalb die „Mentalität" der Unternehmer als auch die der Kapitalgeber als Begründung herangezogen. So werden viele Unternehmen als Familienbetriebe geführt, in denen das Oberhaupt die alleinige Entscheidungskompetenz behalten will, was der Aufnahme mitspracheberechtigter Eigenkapitalgeber zuwiderläuft. Zum anderen ist die Anlegermentalität in Deutschland nur wenig ausgeprägt, sodass eine gewisse Scheu besteht, sich als Kapitalanlage an nichtbörsennotierten Unternehmen zu beteiligen. In der jüngeren Vergangenheit haben sich aber Veränderungen ergeben, die steigende Eigenkapitalquoten erwarten lassen; dies sind:

- rechtliche Veränderungen, die den Zugang zum Kapitalmarkt erleichtern
- der Rückzug der Unternehmensgründer und die veränderte Einstellung ihrer Nachfolger hinsichtlich der Beteiligung von externen Eigenkapitalgebern
- verbesserte Kenntnisse und eine höhere Bereitschaft zu einen Engagement am Kapitalmarkt bei den privaten Haushalten
- leichterer Zugang zum deutschen Kapitalmarkt für Anleger des Euro-Währungsraums.

Solange diese Potenziale zu keiner nachhaltigen Änderung der Finanzierungsstruktur der Unternehmen führen, werden die Interessen der Fremdkapitalgeber weiterhin eine große Rolle im Zielsystem der Unternehmen spielen.

Ein typischer Interessenkonflikt besteht zwischen Kapitalgebern und Kapitalnehmern im Hinblick auf die Sicherheit der Kapitalanlage. Der Kapitalnehmer kann Maßnahmen ergreifen, die das Risiko der Kapitalgeber erhöhen. So können etwa mit den Mitteln aus einer Anleiheemission Investitionen getätigt werden, deren Chancen-Risiko-Profil ungünstiger ist als bei vorhergehenden Investitionen. Zudem besteht die Gefahr, dass die Mittel einer Kapitalerhöhung nicht investiert, sondern etwa für Gehaltserhöhungen des Managements genutzt werden.

Diese Problematik ist Gegenstand der Agency-Theorie. Danach beauftragt der Kapitalgeber (Principal) die Unternehmensführung (Agenten) mit der Kapitalanlage, mit dem Ziel, eine marktgerechte Verzinsung zu erzielen. Der Principal erwartet vom Agenten demnach, dass dieser eine Leistung im Sinne des Principals erbringt. Im Rahmen der Principal-Agency-Theorie wird untersucht, unter welchen Bedingungen der Agent die in ihn gesetzten Erwartungen erfüllt. Die Beziehung zwischen den beiden Partnern ist durch eine Informationsasymmetrie gekennzeichnet; denn der Kapitalgeber verfügt nicht über die Informationen, die der Unternehmensleitung vorliegen. Dadurch ist es dem Kapitalgeber unmöglich, die Entscheidungen des Managements genau zu überwachen und im Notfall zeitnah und kompetent einzugreifen. Die entstehenden Freiräume können vom Agent zum eigenen Vorteil genutzt werden. Ziel der Agency-Theorie ist es zum einen, die verschiedenen Formen der Informationsverteilung zu analysieren, sowie zum anderen, die entstehenden Kosten zu identifizieren um Lösungsansätze zu entwickeln. Zunächst können zwei Arten von Informationsasymmetrien unterschieden werden:

1. Informationsasymmetrie vor Vertragsabschluss: Hidden Information.
   Der Agent besitzt in diesem Fall Informationen über einen entscheidungsrelevanten Gegenstand, die der Principal nicht besitzt. Für den Kapitalgeber besteht die Gefahr, dass der Agent die tatsächliche Situation vor Vertragsabschluss verschleiert, um seine eigene Position zu verbessern.
2. Informationsasymmetrie nach Vertragsabschluss: Hidden Action.
   Nach dem Vertragsabschluss kann der Agent versteckte Aktionen ergreifen. Diese können für den Prinzipal nicht erkennbar sind, da die Handlungsergebnisse oft von verschieden Einflüssen überlagert werden. Damit ist ein direkter Rückschluss vom Ergebnis auf die Aktion nicht möglich. Auch diese Informationsasymmetrie kann von der Unternehmensleitung zum eigenen Vorteil genutzt werden. Dabei spielt auch die Bereitschaft, moralische Wagnisse („moral hazards") einzugehen, eine wichtige Rolle. Gerade für den Kapitalnehmer kann betrügerisches Verhalten, als eine Form der moralischen Wagnisse, vorteilhaft sein. Der Kapitalgeber wiederum kann nur schwer einschätzen, wie hoch das Risiko im Einzelfall ist.

Angesichts der bestehenden Informationsasymmetrien sind in der Regel beide Seite bemüht, ein Vertrauensverhältnis aufzubauen. Der Kapitalnehmer möchte den Kapitalgeber von seiner Vertrauenswürdigkeit überzeugen. Neben den gesetzlich vorgeschriebenen Aktivitäten (z.B. Offenlegungspflicht) wird er weitere Maßnahmen ergreifen, die häufig unter dem Begriff der „Investors Relations" zusammengefasst sind. Ziel der Maßnahmen ist die langfristige Bindung der Kapitalgeber an das Unternehmen. Die in diesem Zusammenhang entstehenden Kosten werden als „bonding costs" bezeichnet. Bonding costs sind Kosten, die dem Agenten dadurch entstehen, dass er dem Principal vertraglich und außervertraglich garantiert, seine Interessen wahrzunehmen. Parallel dazu werden auch die Kapitalgeber Maßnahmen ergreifen, um ihre Investitionen zu schützen. Sie werden Kontrollmechanismen implementieren, was zu „monitoring costs" (Kosten zur Überwachung des Agenten) führt.

Die Agency-Theorie hat zum Ziel, durch vertragliche Gestaltung die Beziehung zwischen den Parteien so zu gestalten, dass der Nutzenverlust, den der Prinzipal erleidet, gegenüber dem Zustand der vollständigen Information gering ist. Die Differenz zwischen dem Nutzen des Prinzipals bei vollkommener Information und dem Nutzen beim Einsatz eines Agenten werden als Agency-Kosten bzw. residual loss bezeichnet und sollen minimiert werden. In der Praxis führt die Agency-Theorie zunächst zu der Forderung, die Unternehmensleitung an den Erfolgen und Misserfolgen direkt zu partizipieren.

1.1.2 Die Operationalisierung der Ziele

Ein Kapitalgeber gibt gegenwärtig verfügbares Geld, das er nicht zum Konsum benötigt, und erhält dafür ein Versprechen auf künftige Geldzahlungen. Im Fall des Shareholder bestehen diese zukünftigen Zahlungen aus Gewinnausschüttungen und aus Zahlungen aufgrund eines Anwachsens des Vermögenswerts. Da die zukünftigen Entwicklungen ungewiss sind, unterliegt sein Engagement dem Risiko, dass sich erwartete und tatsächliche Zahlungen nicht entsprechen. Allerdings bestehen Interdependenzen zwischen den einzelnen Zielen der Kapitalgeber. Sind die laufenden Ausschüttungen gering, wächst das Vermögen schneller und der Unternehmenswert steigt. Je risikobehafteter eine Investition ist, um so größer sind auch die Ertragschancen, was sich wiederum positiv auf Ausschüttungen und Unternehmenswert auswirkt. Welche Kombination von Ausschüttung, Wertsteigerung und Risiko der einzelne Kapitalgeber bevorzugt, hängt von seinen individuellen Präferenzen ab, die wiederum die Finanzierung des Unternehmens beeinflussen.

J. Hirshleifer zeigt, wie auf einem Markt, auf dem sich Soll- und Habenzinsen unterscheiden und der deshalb als beschränkter Kapitalmarkt bezeichnet wird, der Haushalt (= Gesellschafter) aus seiner Sicht zu einer optimalen Investitionsentscheidung kommt. Liegt der Sollzinssatz über dem Habenzinssatz, dann wird der Investor jede Investition, deren interne Verzinsung über dem Sollzinssatz liegt, realisieren. In diesem Fall würde er einfach einen Kredit zum Sollzinssatz aufnehmen und die Investition realisieren. Dies hätte keine negativen Auswirkungen auf seine laufenden Konsumwünsche, würde aber über die erwarteten Zahlungen aus der Investition seine zukünftigen Konsummöglichkeiten erhöhen. (Voraussetzung hierfür ist allerdings, dass die zukünftigen Zahlungen sicher sind, d.h. erwartete und tatsächliche Zahlungen sich entsprechen.) Dagegen wird der Gesellschafter unter keinen Umständen eine Investition tätigen, deren Verzinsung unter dem Habenzinssatz liegt. In diesem Fall ist es für ihn lohnender, seine Ersparnisse zum Habenzinssatz anzulegen. Fraglich ist somit allein sein Verhalten für den Fall, in dem die Verzinsung des Investitionsprojekts zwischen Haben- und Sollzinssatz liegt.

Der Habenzinssatz soll 5 % und der Sollzinssatz 12 % betragen. In Abbildung 1.1 sind zwei Geraden eingezeichnet, die unterschiedliche Steigungen aufweisen. Es handelt sich um Iso-Barwertlinien. Sie zeigen alle möglichen Kombinationen zwischen heutigem (E_0) und zukünftigem Einkommen (E_t), die den gleichen Barwert haben. Als **Barwert** einer Zahlungsreihe wird der abgezinste Einzahlungsüberschuss bezeichnet. Die Steigung der Iso-Barwertlinien hängt vom zugrunde gelegten Zinssatz ab. Ein Haushalt, der in der Ausgangssituation aufgrund einer persönlichen Präferenz Punkt A als Einkommenskombination gewählt hat, kann sein Kapital zu 5 % anlegen (Bereich zwischen A und B), oder sich zu 12 % verschulden (Bereich zwischen A und C). Der Haushalt tritt, wenn er Punkt A realisiert, weder als Kreditgeber noch als Kreditnehmer auf, er ist neutral. Möchte der Haushalt aktuell weniger als in der Ausgangssituation A konsumieren, etwa weil er plant, zu einem späteren Zeitpunkt mehr zu konsumieren, kann er seine Ersparnisse am Kapitalmarkt zu 5 % anlegen (z.B. Punkt G). Möchte der Haushalt jedoch aktuell mehr als in der Ausgangssituation konsumieren, so muss er einen Kredit zu 12 % aufnehmen (z.B. Punkt H). Punkte auf den gestrichelten Teilen der Geraden können nicht realisiert werden, da kein Kredit zu 5 % zu haben ist bzw. der Habenzinssatz nicht 12 % beträgt.

Im Folgenden wird unterstellt, der Haushalt hätte die Möglichkeit, eine Investition mit einer Rendite von 10 % zu tätigen. Die Investition hat ein maximales Volumen, das aber beliebig teilbar ist. Ein rational entscheidender Haushalt wird die Investition aufgrund der höheren Rendite einer Anlage am Kapitalmarkt vorziehen, denn dort beträgt der Zinssatz nur 5 %. Seine Iso-Barwertlinie verändert sich durch die Investitionsmöglichkeit dergestalt, dass sie im Bereich der Investitionsmöglichkeit steiler als zuvor verläuft (zwischen den Punkten A und E).

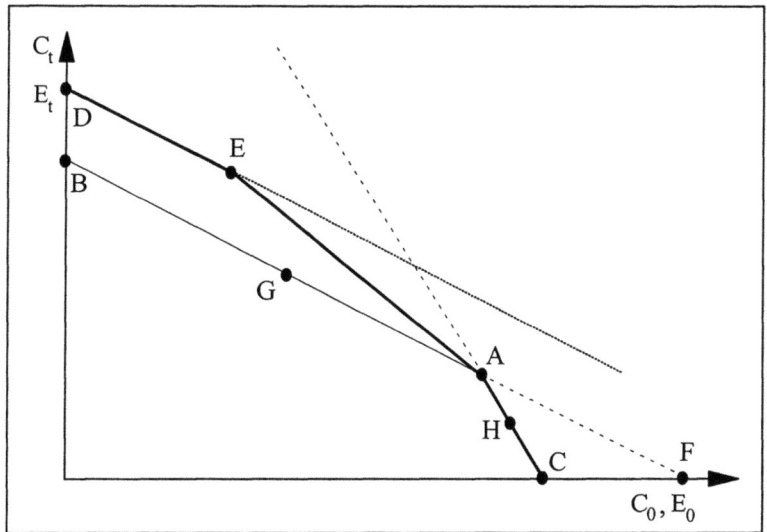

Abbildung 1.1: Investitionsentscheidungen und individuelle Präferenzen

Am Punkt A ist der Investor neutral bezüglich seiner Konsumpräferenz, d.h., er nimmt weder einen Kredit auf, um seine aktuellen Wünsche zu erfüllen, noch verzichtet er auf gegenwärtigen Konsum zugunsten eines zukünftigen Konsums (= Sparen = Investition). Punkt E stellt die Obergrenze der Investition dar. Möchte der Entscheider über diesen Punkt hinaus investieren, dann kann er es nur zum Habenzinssatz von 5 %. Zwischen E und D entspricht die Steigung der Kurve deshalb der ursprünglichen Linie $\overline{AB}$.

Alle Kombinationen auf der Linie $\overline{DEAC}$ können vom Haushalt realisiert werden. Für welche der Kombinationen er sich entscheidet, hängt von seiner zeitlichen Konsumpräferenz ab, die in seiner Indifferenzkurve Ausdruck findet. Haushalte mit einer hohen aktuellen Konsumpräferenz werden Punkte zwischen A und C realisieren. Sie nehmen Kredite auf, um ihre aktuellen Konsumwünsche umzusetzen. Entsprechend sind sie nicht an Investitionen interessiert. Haushalte mit niedrigerer aktueller Konsumpräferenz maximieren ihren Nutzen, indem sie Punkte links von A realisieren. Welcher Punkt für den einzelnen Entscheider optimal ist, hängt von dessen individuellen Nutzenfunktion ab. Bei mehreren Kapitalgebern ist die Wahrscheinlichkeit für eine Übereinstimmung ihrer Konsumpräferenzen gering. Zielkonflikte zwischen den Eigenkapitalgebern sind damit programmiert und werden nicht ohne Einfluss auf das Investitions- und Finanzierungsverhalten des Unternehmens bleiben.

1.2 Die Aufgaben der Finanzwirtschaft

Aus funktionaler Sicht ist die Steuerung der finanzwirtschaftlichen Abläufe im Rahmen des betriebswirtschaftlichen Leistungserstellungsprozesses die zentrale Aufgabe der Finanzwirtschaft. Dazu gehören die Durchführung des Zahlungsverkehrs, die Verwaltung von Bar- und Buchgeld und Geldsurrogaten sowie die Verwaltung des Finanzanlagevermögens. Die institutionelle Betrachtung setzt sich dagegen vor allem mit dem Finanzmanagement auseinander. Im Rahmen des Finanzprozessmanagements wird sich mit der optimalen Gestaltung des Finanzflusses und der Vorbereitung und Durchführung sowohl der Eigen- als auch der Fremdkapitalaufnahme beschäftigt. Teilaspekte des Finanzstrukturmanagements sind die Bestimmung des betriebsnotwendigen Finanzierungsvolumens und das Aufzeigen von Finanzierungsmöglichkeiten. Darüber hinaus wird versucht, sowohl die Kapital- als auch die Vermögensstruktur zu optimieren.

1.3 Die Bilanz als Spiegel der Finanzbewegungen

Für den Außenstehenden liefert die Bilanz wesentliche Informationen hinsichtlich der wirtschaftlichen Situation eines Unternehmens. Die Aussagefähigkeit der Bilanz ist jedoch eingeschränkt, denn sie beruht auf stichtagsbezogenen Vergangenheitsdaten. Im besten Fall liefert die Bilanz somit eine genaue Beschreibung der Unternehmenslage am Stichtag. Allerdings kann selbst ein Unternehmen mit hohem Jahresüberschuss kurz nach dem Bilanzstichtag zahlungsunfähig sein, wenn es etwa zu Forderungsausfällen kommt. Daneben leidet die Informationsqualität der Bilanz aufgrund der starken Datenaggregation und der ergriffenen bilanzpolitischen Maßnahmen, die vor allem in den Bewertungen ihren Niederschlag finden.

Die Bilanz, als Gegenüberstellung von Aktiva und Passiva eines Unternehmens, repräsentiert die Zusammensetzung des Vermögens (= Aktiva) und des Kapitals (= Passiva). Die Aktiva sind untergliedert in das Anlagevermögen und das Umlaufvermögen (vgl. Tabelle 1.3). Auf der Passivseite werden **Eigenkapital** und **Fremdkapital** – in Form von Rückstellungen und Verbindlichkeiten – voneinander abgegrenzt.

Tabelle 1.3: Gliederung der Bilanz

Aktiva (Vermögen)	Passiva (Kapital)

1. Anlagevermögen
   a. Immaterielle Vermögensgegenstände
   b. Sachanlagen
   c. Finanzanlagen
2. Umlaufvermögen
   a. Vorräte
   b. Forderungen und sonstige Vermögensgegenstände
   c. Wertpapiere
   d. Schecks, Kassenbestand, Giroguthaben
3. Rechnungsabgrenzungsposten
	1. Eigenkapital
	   a. Gezeichnetes Kapital
	   b. Kapitalrücklage
	   c. Gewinnrücklagen
	   d. Gewinn-/Verlustvortrag
	   e. Jahresübeschuss/Jahresfehlbetrag
	2. Rückstellungen
	3. Verbindlichkeiten
	4. Rechnungsabgrenzungsposten

Die Unterscheidung zwischen Eigen- und Fremdkapital orientiert sich an der Rechtsstellung des Kapitalgebers. Das Eigenkapital haftet für die Verpflichtungen des Unternehmens gegenüber Dritten, während das Fremdkapital eine Rückzahlungsverpflichtung für das Unternehmen begründet. Das in der Bilanz ausgewiesene Eigenkapital bildet die Basis für die Aufnahme der wirtschaftlichen Tätigkeit des Unternehmens und weist auf den Haftungsumfang des Unternehmens hin. Das Fremdkapital kann als Gesamtheit der Zahlungsverpflichtungen (= Schulden) angesehen werden. Es setzt sich nach § 266 (3) HGB wie folgt zusammen:

- Rückstellungen
    - Rückstellungen für Pensionen und ähnliche Verpflichtungen
    - Steuerrückstellungen
    - Sonstige Rückstellungen
- Verbindlichkeiten
    - Anleihen, davon konvertibel
    - Verbindlichkeiten gegenüber Kreditinstituten
    - Erhaltene Anzahlungen auf Bestellungen
    - Verbindlichkeiten aus Lieferungen und Leistungen
    - Verbindlichkeiten aus der Annahme gezogener Wechsel und der Ausstellung eigener Wechsel
    - Verbindlichkeiten gegenüber verbundenen Unternehmen
    - Verbindlichkeiten gegenüber Unternehmen, mit denen ein Beteiligungsverhältnis besteht
    - Sonstige Verbindlichkeiten, davon aus Steuern, davon im Rahmen der sozialen Sicherheit.

Auf der Aktivseite der Bilanz kann zudem der Zahlungsbereich vom Investitionsbereich unterschieden werden. Der Zahlungsmittelbereich setzt sich zusammen aus dem Kassenbestand, den Guthaben bei Kreditinstituten und den Schecks. Alle anderen Bilanzpositionen der Aktivseite werden als Investitionsbereich bezeichnet.

Finanzierungsmaßnahmen bewirken stets einen Zugang von Zahlungsmitteln. Auf der Aktivseite der Bilanz erhöht sich entsprechend der Bestand an Zahlungsmitteln. Welche Veränderungen sich durch die Finanzierung auf der Passivseite ergeben, hängt von der gewählten Finanzierungsform ab. Die **Außenfinanzierung** führt dem Unternehmen von außen finanzielle Mittel zu. Dies kann durch Beteiligungsfinanzierung (= Eigenfinanzierung) oder Kreditfinanzierung (= Fremdfinanzierung) geschehen. Auch die Finanzierung durch Subventionen zählt zur Außenfinanzierung. Grundlage der **Innenfinanzierung** ist hingegen der betriebswirtschaftliche Leistungserstellungsprozess und der damit verbundene Umsatzprozess. Die Finanzierung aus einbehaltenen Gewinnen, d.h. die Gewinnthesaurierung schafft zusätzliches Kapital und wird als Selbstfinanzierung (= Eigenfinanzierung) bezeichnet. Daneben ist eine Innenfinanzierung durch Abschreibungen möglich. In diesem Fall kommt es zu Vermögensumschichtungen, dem so genannten Aktivtausch, denn der Erhöhung des Zahlungsmittelbestands stehen niedrigere Wertansätze bei Vermögensgegenständen gegenüber. Während die Finanzierung aus Abschreibungen eine Innenfinanzierung auf Grundlage des normalen Umsatzprozesses darstellt, basiert die Finanzierungswirkung einer Kapitalfreisetzung auf außerordentlichen Vorgängen. So können die erhaltenen Zahlungsmittel aus dem Verkauf von Vermögensgegenständen, die etwa aufgrund von Rationalisierungsmaßnahmen freigesetzt wurden, zur Finanzierung genutzt werden. Eine andere Art der Innenfinanzierung, die Finanzierung aus Rückstellungen, führt dagegen zu einer Erhöhung des Fremdkapitals.

Indem Finanzierungsmaßnahmen einen Zugang von Zahlungsmitteln bewirken, führen sie zu Einnahmen. Als Einnahmen werden alle vom Unternehmen in Form von Buch- oder Bargeld vereinnahmten Zahlungen bezeichnet. **Einnahmen** bzw. **Ausgaben** kennzeichnen demnach alle betrieblichen Zahlungsvorgänge. Allerdings liefern sie keine Informationen über die Erfolgswirksamkeit der unternehmerischen Aktivitäten. Während die Bilanz den Unternehmenserfolg durch die Gegenüberstellung der Reinvermögenspositionen an zwei Bilanzstichtagen ermittelt, ergibt sich der Erfolg in der **Gewinn- und Verlustrechnung** (GuV) durch die Saldierung der Aufwendungen und der Erträge innerhalb einer Periode. **Aufwendungen** und **Erträge** kennzeichnen den Werteverbrauch bzw. Wertezuwachs innerhalb einer Periode. Bilanz und GuV sind über das System der doppelten Buchführung miteinander verknüpft. Die GuV liefert tiefere Einblicke über die Zusammensetzung des unternehmerischen Erfolgs.

Die Finanzierungsmaßnahmen wirken sich unterschiedlich auf die Gewinn- und Verlustrechnung aus. Alle Maßnahmen der Innenfinanzierung werden sofort ertragswirksam, da Abschreibungen und Rückstellungen wesentliche Aufwandspositionen sind. Die Instrumente der Außenfinanzierung wirken sich dagegen nur insofern auf den unternehmerischen Erfolg aus, als dass Eigen- und Fremdkapital entlohnt werden müssen. Die Zinsleistungen auf das Fremdkapital sind ein Teil des Finanzaufwands und verringern entsprechend den Jahresüberschuss. Die Entlohnung des Eigenkapitals erfolgt frühestens nach Ermittlung des Jahresüberschusses. Bei Kapitalgesellschaften sind Ausschüttungen prinzipiell nur aus dem Gewinn möglich, bei Personengesellschaften gesteht diese Beschränkung nicht.

Beispiel 1.2: Finanzierung im Spiegel der Bilanz

Eine Unternehmerin zahlt € 100.000 aus ihrem Privatvermögen als Eigenkapital auf das Konto der Bäcker GmbH ein. Von der A-Bank erhält das Unternehmen einen langfristigen Kredit in Höhe von € 50.000. Die Auswirkungen auf die Bilanz sind Tabelle 1.4 zu entnehmen.

Tabelle 1.4: Bilanz 1

Aktiva	Bilanz zum	Passiva
Umlaufvermögen in €	Eigenkapital in €	
- Giroguthaben 150.000	- Gezeichnetes Kapital	100.000
	Verbindlichkeiten	
	- gegenüber Banken	50.000
150.000		150.000

Das Unternehmen kauft ein Gebäude für € 80.000 und Maschinen für € 20.000. Die Bezahlung erfolgt aus dem Girokonto. Es kommt demnach zu einem Aktivtausch, der die Bilanz nicht verlängert.

Tabelle 1.5: Bilanz 2

Aktiva		Bilanz zum	Passiva
Anlagevermögen in €		Eigenkapital in €	
- Sachanlagen		- Gezeichnetes Kapital	100.000
- Gebäude	80.000		
- Maschinen	20.000	Verbindlichkeiten	
Umlaufvermögen		- gegenüber Banken	50.000
- Vorräte	30.000	- aus Lieferungen	30.000
- Giroguthaben	50.000		
	180.000		180.000

Die Beschaffung von Roh-, Hilfs- und Betriebsstoffen im Wert von € 30.000 erfolgt auf Kredit, d.h., die kurzfristigen Verbindlichkeiten aus Lieferungen und Leistungen nehmen zu. Insgesamt ergeben sich durch die Transaktion eine Ausweitung der Bilanzsumme (vgl. Tabelle 1.5) und ein Rückgang der Eigenkapitalquote.

Unter Einsatz der Produktionsfaktoren werden vom Unternehmen Gartengeräte produziert, deren Herstellung folgende Kosten verursacht:

- Rohstoffe   € 18.000
- Abschreibungen auf Gebäude   € 8.000
- Abschreibungen auf Maschinen   € 4.000
- Löhne und sonstiger Aufwand   € 10.000

Insgesamt sind Kosten in Höhe von € 40.000 entstanden. Die Produkte werden am Markt für € 70.000 verkauft und der Kaufpreis geht auf das Girokonto ein. Durch die Produktion haben sich die Sachanlagen und die Vorräte entsprechend verringert. Die Löhne und der sonstige Aufwand haben die Giroguthaben verringert (€-10.000), während die Verkaufserlöse die Giroguthaben um € 70.000 auf insgesamt € 110.000 steigen ließen. Der erzielte Jahresüberschuss von € 30.000 erhöhte das Eigenkapital (vgl. Tabelle 1.6).

Tabelle 1.6: Bilanz 3

Aktiva		Bilanz zum	Passiva
Anlagevermögen in €		Eigenkapital in €	
- Sachanlagen		- Gezeichnetes Kapital	100.000
- Gebäude	72.000	- Jahresüberschuss	30.000
- Maschinen	16.000		
Umlaufvermögen		Verbindlichkeiten	
- Vorräte	12.000	- gegenüber Banken	50.000
- Giroguthaben	110.000	- aus Lieferungen	30.000
	210.000		210.000

Es zeigt sich, dass die Bilanz an verschiedenen Stellen durch den Produktionsprozess beeinflusst wird, wobei sich die wesentlichen Veränderungen auf der Aktivseite ergeben. Die Passivseite wird nur durch den Erfolg (= Jahresüberschuss bzw. Jahresfehlbetrag) und gegebenenfalls durch fehlende Aktivierungsmöglichkeiten von Investitionen (z.B. Firmenwert, Patente) verändert. Darüber hinaus ist die Kapitalseite nur dann betroffen, wenn Außenfinanzierungsmaßnahmen (Lieferantenkredite, Bankkredite, Kundenanzahlungen etc.) zur Finanzierung des Umsatzprozesses ergriffen werden.

1.4 Grundbegriffe der Finanzierung

Die Betriebswirtschaftslehre ist häufig durch eine güterwirtschaftliche Sichtweise geprägt. Im Mittelpunkt der Interessen steht damit der betriebliche Leistungserstellungsprozess. Eine Reihe von „Hilfsfunktionen" unterstützen diesen primären Prozess. Aus diesem Blickwinkel ordnen sich u.a. das Marketing, die Materialwirtschaft und auch die Finanzwirtschaft den Bedürfnissen der Leistungserstellung unter. Weil gewisse Investitionen im Rahmen des Leistungserstellungsprozesses notwendig sind, muss die Finanzwirtschaft diesen Kapitalbedarf decken. Die Güterströme des Unternehmens bedingen die finanzwirtschaftlichen Zahlungsströme, die in gegensätzliche Richtung fließen.

Diese nach innen gerichtete, isolierende Sichtweise lässt jedoch die Vielzahl von Schnittstellen und Interdependenzen zwischen den einzelnen Unternehmensbereichen und der Außenwelt unberücksichtigt. Haben zwei Unternehmen, die ein homogenes Gut erzeugen, tatsächlich die gleichen Finanzierungsbedürfnisse? Verkauft ein Unternehmen seine Produkte in der Region und das andere seine Produkte im Ausland, dann werden sich die Finanzierungsbedürfnisse unterscheiden. Verkauft das eine Unternehmen seine Produkte an Endkunden, das andere an Zwischenhändler, dann werden sich die Finanzierungsbedürfnisse unterscheiden. Arbeitet das eine Unternehmen mit dem inländischen Zulieferer A zusammen, das andere mit dem ausländischen Zulieferer B, dann werden sich seine Finanzierungsbedürfnisse unterscheiden. Dies sind nur wenige Aspekte, die verdeutlichen, dass sich die Aufgaben der Finanzwirtschaft nicht immer direkt aus dem Leistungserstellungsprozess ableiten lassen. Gleichzeitig ist aber ein langfristig erfolgreicher Leistungserstellungsprozess Voraussetzung für die Gewinnerzielung und hat damit Einfluss nicht nur auf die Finanzierungsbedürfnisse, sondern auch auf die Finanzierungsmöglichkeiten.

1.4.1 Der Finanzierungsbegriff

Im weiten Sinn umfasst die Finanzierung alle Kapitaldispositionen, die zur Durchführung des Betriebsprozesses erforderlich sind. Diese Definition erweist sich als schwierig, da sie auf dem Kapital einer Unternehmung aufbaut. Der Kapitalbegriff an sich hat verschiedene Dimensionen und lässt sich somit schwer definieren. Das Verständnis davon, was Kapital ist, reicht von der Vorstellung „Kapital ist Geld für Investitionszwecke" über „Kapital ist die abstrakte Wertsumme der betriebswirtschaftlichen Bilanz" bis zu „Kapital ist gleich Geld". Es kann zwischen **abstraktem Kapital** (= Gesamtheit aller Positionen auf der Passivseite der Bilanz) und **konkretem Kapital** (= Gesamtheit aller Positionen auf der Aktivseite der Bilanz) unterschieden werden. Entsprechend eng oder weit erweisen sich dann alle am Kapital orientierten Finanzierungsbegriffe. Deshalb lässt sich ein an Zahlungsströmen orientierter, monetärer Finanzierungsbegriff, wie er von *R. Köhler* geprägt wurde, leichter operationalisieren. Finanzierung wird hier als die Gesamtheit aller Zahlungsmittelzuflüsse (Einzahlungen) und die beim Zugang nicht monetärer Güter vermiedenen Zahlungsmittelabflüsse (Auszahlungen) definiert. *D. Schneider* schließt sich diesen Überlegungen an, wenn er Finanzierung als Zahlungsreihe definiert, die mit einer Einzahlung beginnt. Gerade durch diese Reduktion wird jedoch deutlich, wo die Grenzen des monetären Finanzierungsbegriffs liegen. So bleiben etwa Austauschvorgänge zwischen verschiedenen Finanzierungsformen unberücksichtigt. Diese Schwäche gleicht der funktionale Finanzierungsbegriff, wie ihn *J. Süchting* definiert aus. Finanzierung wird von ihm gleichgesetzt mit allen zur Aufrechterhaltung des finanziellen Gleichgewichts der Unternehmung erforderlichen Maßnahmen. Dieser sehr weite Finanzierungsbegriff lässt sich zwar schwer abgrenzen, seine Stärke liegt jedoch darin, das systemische Zusammenspiel der verschiedenen funktionalen Bereiche innerhalb eines Unternehmens zu verdeutlichen. So wird zwar die Produktionsablaufplanung im Produktionsbereich vorgenommen, über den Materialbedarf und die daraus entstehenden Auszahlungen wirkt sich die Entscheidung aber auch auf das finanzielle Gleichgewicht aus. Personalpolitische Entscheidungen, die das „Betriebsklima" verändern, beeinflussen u.a. die Bereitschaft zum Erwerb von Belegschaftsaktien und haben damit Konsequenzen für das finanzielle Gleichgewicht. Rabatte, die der Vertrieb gewährt, haben genauso Einfluss auf das finanzielle Gleichgewicht wie die Auswahl der Zulieferer. Die Liste lässt sich beliebig erweitern und verdeutlicht die Vielzahl der Wechselwirkungen zwischen den einzelnen betrieblichen Entscheidungen. Diese Interdependenzen sollten stets berücksichtigt werden, auch wenn, wie es in diesem Buch geschieht, aus Gründen der Operationalisierbarkeit eine monetäre Definition der Finanzwirtschaft bevorzugt wird.

1.4.2 Finanzielles Gleichgewicht, Liquidität und Rentabilität

Der Versuch einer Zielformulierung für Finanzwirtschaft ist problematisch. So sollen die Aktivitäten so gestaltet sein, dass sie eine möglichst hohe Rentabilität erzielen, um die Bedürfnisse der Kapitalgeber zu befriedigen. Gleichzeitig besteht aber auch die Notwendigkeit, die Liquidität des Unternehmens aufrecht zu halten, wofür wiederum das finanzielle Gleichgewicht Voraussetzung ist.

Die **Rentabilität** ergibt sich als Quotient aus Gewinn und eingesetztem Kapital. Entsprechend wird zwischen Gesamtkapital und Eigenkapital unterschieden. In der englischsprachigen Literatur tritt an die Stelle der Gesamtkapitalrentabilität der **Return-on-Investment** (= ROI) als eine der wesentlichen Kennzahlen zur Unternehmenssteuerung und -bewertung. Die deutsche Berechnung des ROI unterscheidet sich von der amerikanischen Definition insofern, dass zunächst der Gewinn zuzüglich der geleisteten Zinsen ermittelt wird und anschließend dieser Betrag in Beziehung zum Gesamtkapital zu setzen ist. Die Addition der Zinszahlungen ist notwendig, da Zinszahlungen auf den Einsatz von Fremdkapital zurückzuführen sind und vom Unternehmen zunächst erwirtschaftet werden müssen. Aufgrund des niedrigen Fremdkapitalanteils in den USA ist eine entsprechende Korrektur dort nicht zwingend notwendig. Da sich die Berechnungsgrundlagen der relevanten Daten von Branche zu Branche unterscheiden, empfiehlt es sich, die Rentabilität anhand von standardisierten Ergebnissen, wie etwa dem DVFA[1]-Gewinn, zu bestimmen.

Liquidität ist die Eigenschaft eines Unternehmens, ständig über ausreichende Zahlungsmittelbestände zu verfügen, um jederzeit und uneingeschränkt seinen Zahlungsverpflichtungen nachzukommen. Liquidität ist damit die Voraussetzung für die juristische Pflichterfüllung eines Unternehmens. Illiquidität führt zur Zahlungsunfähigkeit und hat eine Reihe von Sanktionen zur Folge, die alle wesentliche Eingriffe in die Autonomie des Unternehmens darstellen. Selbst eine kurzfristige Zahlungsstockung wird nicht ohne Folgen auf das Verhalten der Kapitalgeber bleiben, die zumindest mehr Sicherheiten und eine höhere Risikoprämie verlangen werden.

Eine gleichzeitige Optimierung der beiden Ziele Rentabilität und Liquidität ist leider nicht möglich. Die Erhöhung der Liquidität führt zwar nicht zwangsläufig, aber häufig, zu einer Verschlechterung der Rentabilität. Typische rein finanzwirtschaftliche Maßnahme zur Erhöhung der Liquidität, wie das Halten von mehr Kasse, wirkt sich negativ auf die Rentabilität aus, da normalerweise die Verzinsung von Kasseneinlagen merklich niedriger als die Verzinsung langfristiger Investition in Finanzanlagen oder Sachkapital ist. Andere Operationen, die zur Erhöhung der Rentabilität führen, wie die Finanzierung von langfristigen Investitionen durch kurzfristiges Fremdkapital, erhöhen das Risiko der Zahlungsunfähigkeit.

Trotz dieser Beispiele wäre es falsch, davon auszugehen, dass eine höhere Liquidität stets zu einer Reduzierung der Rentabilität führt. So kann etwa durch die Optimierung des Leistungserstellungsprozesses die Rentabilität erhöht werden, ohne die Liquidität zwangsläufig zu senken. Eine Verbesserung des Zahlungsverkehrs lässt die Liquidität steigen, ohne die Rentabilität zu senken. Sind jedoch alle Verbesserungspotenziale ausgeschöpft, was bei den meisten Unternehmen jedoch bei weitem nicht der Fall ist, dann wird jede liquiditätserhöhende Maßnahme die Rentabilität sinken lassen et vice versa.

---

[1] DVFA = Deutsche Vereinigung der Finanzanalysten

Der enge Zusammenhang zwischen Gewinn und Rentabilität bedingt eine hohe Streuung der Branchenrentabilitäten. Da die Rentabilität stets im Zusammenhang mit den eingegangenen finanziellen und nichtfinanziellen Risiken zu beurteilen ist, kann das Fehlen eines allgemein gültigen Werts für eine „gute" Rentabilität nicht verwundern. Auch für die Liquidität gilt nicht „je mehr, um so besser", schränkt diese Strategie den Handlungs- und Entscheidungsspielraum des Unternehmens doch ein. Angesichts dieser Zusammenhänge wird deutlich, warum die finanzwirtschaftlichen Ziele häufig qualitativ formuliert werden. Sie lauten dann:

- Liquidität: so viel wie nötig
- Rentabilität: so hoch wie möglich.

1.4.3 Liquiditätskennzahlen

Um ihren Zielen gerecht zu werden, muss die Finanzwirtschaft alle Ein- und Auszahlungen so steuern, dass die zur Durchführung des güterwirtschaftlichen Prozesses notwendigen finanziellen Mittel stets vorhanden sind, das Unternehmen liquide ist und sich somit permanent im finanzwirtschaftlichen Gleichgewicht befindet.

Eine **Einzahlung** ist gleichzusetzen mit dem Zugang an liquiden Mitteln, während eine **Auszahlung** dem Abgang liquider Mittel entspricht. Angesichts der Unsicherheit der zukünftigen Ein- und Auszahlungen wird deutlich, dass die Fähigkeit eines Unternehmens, Vermögensgegenstände in Geld umzuwandeln, von zentraler Bedeutung ist. Zur Beurteilung der aktuellen bzw. der zukünftigen Liquiditätssituation ist es notwendig, die Vermögensgegenstände hinsichtlich ihrer Liquidierbarkeit zu systematisieren. So stellt die **absolute Liquidität** die Fähigkeit eines Vermögensgegenstandes, in Zahlungsmittel umgewandelt zu werden, dar. Die **relative Liquidität** ergibt sich dagegen durch eine stichtagsbezogene Gegenüberstellung von Aktiv- und Passivpositionen der Bilanz.

Leider liefern die stichtagsbezogenen Bestandsgrößen nur einen sehr ungenauen Einblick in die Liquiditätssituation des Unternehmens. Die tatsächliche Höhe des Liquidationserlöses eines Vermögensgegenstands ist unsicher, denn sie hängt von dessen Qualität, den jeweiligen Marktgegebenheiten und der Dringlichkeit des Verkaufs ab. Dieses Problem ist typisch für alle vergangenheitsbezogenen Größen und schränkt deren Aussagekraft im Hinblick auf die zukünftige Liquiditätssituation sehr ein. Die gleiche Schwäche weist auch die Cashflow-Analyse auf, die ausgehend von den Zahlen des Jahresabschlusses, eine Kennzahl zur Beurteilung der Liquiditätssituation ermittelt. Der **Cashflow** versucht, über den Mittelzufluss aus dem Umsatzprozess eine Art „Kassenüberschuss" zu ermitteln, der dem Unternehmen für Investitionen, Tilgungszahlungen und Gewinnausschüttungen zur Verfügung steht und somit die Selbstfinanzierungskraft des Unternehmens misst. Er ermittelt sich als:

```
  Jahresüberschuss
+ alle nicht auszahlungswirksamen Aufwendungen
- alle nicht einzahlungswirksamen Erträge
= Cashflow
```

Nicht auszahlungswirksame Aufwendungen sind u.a.:

- Abschreibungen und Wertberichtigungen,
- Zuführungen zu Rückstellungen,
- Verminderung der Bestände an Roh-, Hilfs- und Betriebsstoffen,
- Abschreibungen auf Bestände an Halb- und Fertigwaren,
- Einstellungen in Sonderposten mit Rücklagenanteil,
- Verluste aus dem Abgang von Vermögensgegenständen,
- Verminderung der geleisteten Anzahlungen,
- Erhöhung der Verbindlichkeiten aus Lieferungen und Leistungen.

Entsprechende Gegenoperationen sind dann nicht einzahlungswirksame Erträge. Insgesamt wird davon ausgegangen, dass der Cashflow weniger von bilanzpolitischen Überlegungen beeinflusst wird als Ertragskennzahlen. Es ist jedoch zu berücksichtigen, dass seine Aussagekraft für außenstehende Dritte stark eingeschränkt ist, da alle Informationen auf dem veröffentlichen Jahresabschluss basieren. Für die interne Steuerung der Finanzwirtschaft empfiehlt sich der operative Cashflow nach Steuern, auf den im Abschnitt „Kapitalbedarfsplanung" eingegangen wird.

1.5 Finanzierung und Besteuerung

Es besteht ein direkter Zusammenhang zwischen den Kapitalkosten einer Finanzierungsart und der Unternehmensbesteuerung. Die wesentlichen steuerlichen Wirkungen ergeben sich aus der Körperschaft- bzw. Einkommensteuer (in Verbindung mit dem Solidaritätsbeitrag), der Gewerbesteuer und der Kapitalertragsteuer. Im idealtypischen Fall sollte das Steuersystem neutral gegenüber der gewählten Finanzierungsart sein. Tatsächlich werden jedoch einzelne Finanzierungsarten begünstigt, andere belastet. So wird etwa bei der Ermittlung der Gewerbesteuer der ausgewiesene Gewinn um die Hälfte der Dauerschuldzinsen erhöht. Damit wird die langfristige Fremdfinanzierung, etwa durch Bankkredite, gegenüber der kurzfristigen Fremdfinanzierung benachteiligt. Aufgehoben wurde durch das Steuersenkungsgesetz 2001 dagegen die Ungleichbehandlung von einbehaltenden (vorher 40 %) und ausgeschütteten (vorher 30 %) Gewinnen. Inzwischen werden beide mit 25 % Körperschaftsteuer belastet, sodass bei Kapitalgesellschaften die Thesaurierung (= Gewinneinbehaltung) gegenüber der Gewinnausschüttung unter steuerlichen Aspekten begünstigt wird. Gleichzeitig nehmen die steuerlichen Vorteile, die Personenunternehmen im Fall der Gewinnausschüttung gegenüber den Kapitalgesellschaften hatten, weiter zu. Die Verringerung der degressiven Abschreibungsprozentsätze für bewegliche Wirtschaftsgüter (von 30 % auf 20 %) sowie die Verlängerung der Abschreibungsdauer für Betriebsgebäude auf 33 Jahre haben die steuerlichen Vorteile der Finanzierung aus Abschreibungen reduziert.

Das aktuelle Steuersystem begünstigte weiterhin einzelne Finanzierungsarten, auch wenn Vor- und Nachteile sich größtenteils verringert haben. Auch wurde das Ziel einer rechtsformunabhängigen Besteuerung nicht realisiert. Gerade bei Gewinnausschüttungen bleiben die Vorteile der Personengesellschaften bestehen, selbst wenn sie sich reduziert haben. Die komplizierte Steuergesetzgebung erzwingt eine fallweise Bewertung der verschiedenen Finanzierungsinstrumente, gerade unter Berücksichtigung des persönlichen Steuersatzes der Kapitalgeber. Hier können sich aufgrund der stufenweisen Reduzierung der Eingangs- bzw. Spitzensteuersätze auch in Zukunft wechselnde Vorteilhaftigkeiten ergeben.

Übungsaufgaben zum 1. Kapitel

Aufgabe 1.1:
Inwiefern unterscheiden sich die finanzwirtschaftlichen Ziele von Shareholdern und Stakeholdern?

Aufgabe 1.2:
Welche Informationsasymmetrien bestehen typischerweise zwischen Eigenkapitalgebern und Management?

Aufgabe 1.3:
Inwieweit beeinflussen die Nutzenfunktionen der Eigenkapitalgeber die Finanzierungsmöglichkeiten der Unternehmen?

Aufgabe 1.4:
Wie können Eigen- und Fremdkapital unterschieden werden?

Aufgabe 1.5:
Definieren Sie die Begriffe Außen- bzw. Innenfinanzierung.

Aufgabe 1.6:
Was versteht man unter Ein- bzw. Auszahlungen?

Aufgabe 1.7:
Was ist abstraktes, was konkretes Kapital?

Aufgabe 1.8:
Wie ermittelt sich der ROI und welche Aussagen lässt er zu?

Aufgabe 1.9:
Wie unterscheiden sich absolute und relative Liquidität?

Aufgabe 1.10:
Welche Schwäche weisen stichtagsbezogene Bilanzdaten auf?

Aufgabe 1.11:
Wie ermittelt sich der Cashflow?

Aufgabe 1.12:
Was versteht man unter Ein- bzw. Auszahlungen?

2. Finanzplanung

Im Zentrum der Finanzplanung steht die Aufrechterhaltung des finanziellen Gleichgewichts des Unternehmens. Voraussetzung hierfür ist die Prognose der Liquiditätsentwicklung und damit verbunden die detaillierte Analyse des Leistungserstellungsprozesses und der korrespondierenden Zahlungsströme. Unabhängig davon, welcher Strom den anderen bedingt, müssen aufgrund der bestehenden Interdependenzen betrieblicher Erfolg und Liquidität simultan geplant werden. Dies ist nur möglich, wenn neben dem Finanzplan der Beschaffungs-, Produktions- und Absatzplan berücksichtigt werden. Die Komplexität der Fragestellung (es sind viele dynamische Variablen zu berücksichtigen, die sich wechselseitig beeinflussen) erfordert eine ganzheitliche Planungstechnik. Abbildung 2.1 visualisiert den Zusammenhang zwischen ausgewählten Variablen der verschiedenen Teilpläne und stellt wenige Aspekte des Gesamtzusammenhangs dar.

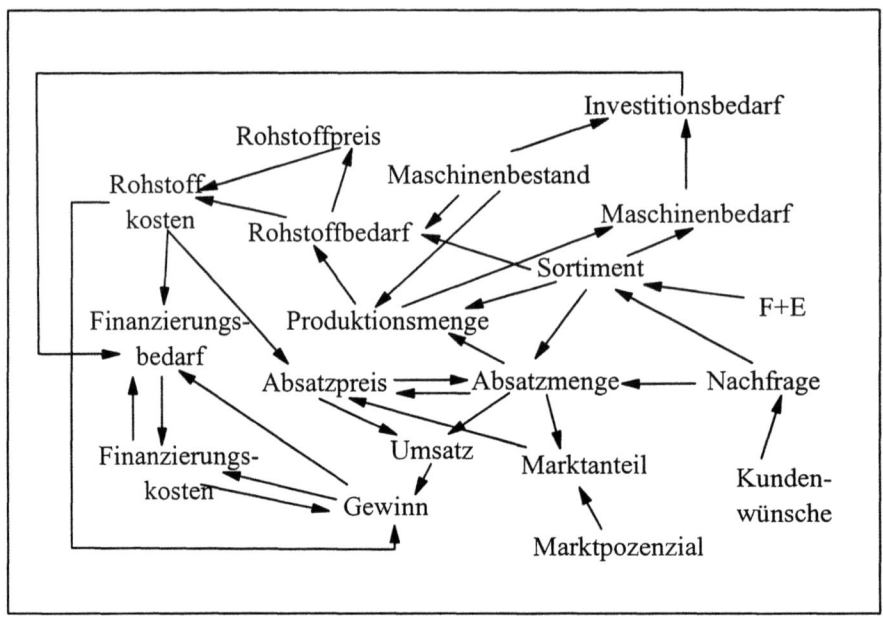

Abbildung 2.1: Ausgewählte Variablen der Finanzplanung

Am Beispiel zeigt sich, dass von der Nachfrage das Sortiment des Unternehmens und damit sein Maschinenbedarf abhängt. Davon und vom Bestand an Maschinen hängt wiederum der Investitionsbedarf bzw. der Finanzierungsbedarf ab. Gleichzeitig wirkt das Sortiment auch auf die Absatzmenge und somit auf den Umsatz des Unternehmens. Da dieser im Wesentlichen den Gewinn beeinflusst, bestimmt er auch den Finanzierungsbedarf des Unternehmens. Die wechselseitigen Abhängigkeiten zwischen Absatz-, Beschaffungs-, Produktions- und dem Investitionsplan erfordern eine integrierte Planung. Sollte diese nicht möglich sein, dann kann eine Näherungslösung durch sukzessive Abstimmung der Teilpläne erreicht werden.

2.1 Der Produktionsprozess und der Kapitalbedarf

Der **Kapitalbedarf** eines Unternehmens ist zeitpunktbezogen und ergibt sich als Differenz zwischen den kumulierten Aus- und Einzahlungen. **Auszahlungen** und **Einzahlungen** sind Vorgänge, die den Bestand an liquiden Mitteln, d.h. den Zahlungsmittelbestand (= Kassenbestände und Sichtguthaben) verändern. Sie stellen finanzwirtschaftliche Stromgrößen dar. Dagegen sind **Einnahmen** und **Ausgaben** Vorgänge, die zu einer Veränderung des Geldvermögens führen. Das Geldvermögen besteht aus den Zahlungsmitteln zuzüglich den Forderungen abzüglich den Verbindlichkeiten. Einzahlungen und Auszahlungen sind entsprechend um die Kredit- oder Forderungsvorgänge erweiterte Begriffe. Gäbe es weder Kreditkäufe noch -verkäufe, dann entsprächen sich Einzahlungen und Einnahmen bzw. Auszahlungen und Ausgaben. Unter Berücksichtigung der Kreditmöglichkeit gilt entsprechend:

- Einnahme = Einzahlung + Forderungszugang + Schuldenabgang
- Ausgabe = Auszahlung + Forderungsabgang + Schuldenabgang

Welche Zahlungsströme in welcher zeitlichen Abfolge anfallen, wird wesentlich von den realwirtschaftlichen Güterströmen beeinflusst. Somit wirkt sich die Gestaltung des Leistungserstellungsprozesses nachhaltig auf den Kapitalbedarf eines Unternehmens aus. Gleichzeitig beeinflussen die Finanzierungsmöglichkeiten aber auch die Prozessgestaltung und das Prozessniveau. Das folgende Beispiel verdeutlicht den Zusammenhang.

Beispiel 2.1: Kapitalbedarf und Leistungserstellungsprozess

> Schreiner S. hat sich mit seinen fünf Mitarbeitern auf die Herstellung von Möbeln für den Kindergarten- und Schulbereich spezialisiert. Da seine Möbel ein gutes Preis-Leistungsverhältnis aufweisen, gewinnt er relativ schnell Kunden. Dies sind die Träger der Kindergärten und Schulen, also vor allem Kommunen, Kreisverwaltungen und religiöse Einrichtungen. Er verfügt damit über Kunden, die ihren Zahlungsverpflichtungen mit sehr hoher Wahrscheinlichkeit nachkommen werden. Die Qualität seiner Produkte spricht sich rasch herum und entsprechend steigt die Nachfrage. Aufgrund der guten Auftragslage und der günstigen Absatzerwartung stellt der Inhaber weitere Mitarbeiter ein, die auch voll ausgelastet sind.
>
> Relativ schnell gerät das Unternehmen in ernste Schwierigkeiten, denn es droht die Illiquidität. Die Lücke, die sich zwischen den Auszahlungen (für Material, Miete, Löhne, usw.) und den Einzahlungen (aus dem Verkauf der Möbel) ergeben, hat sich aufgrund der erhöhten Aktivität erheblich ausgeweitet. Da das Eigenkapital, wie häufig bei jungen Unternehmen, gering ist, kann nur kurzfristiges Fremdkapital das Unternehmen vor der Illiquidität bewahren. Da noch keine etablierten Bankbeziehungen bestehen, erweist sich dieser Weg als schwierig, in dem Sinn, dass kaum Zeit für die notwendige Prüfung der Kreditwürdigkeit besteht. Erst eine Bürgschaft ermöglicht den raschen Liquiditätszufluss. Der Schreiner beschließt darauf, einen langsameren Wachstumspfad einzuschlagen, um nicht Opfer des eigenen Erfolgs zu werden.

Den engen Zusammenhang zwischen güterwirtschaftlicher und finanzwirtschaftlicher Ebene vor Augen, isolierte *E. Gutenberg* drei Gruppen von realwirtschaftlichen Faktoren, die Einfluss auf die Höhe des Kapitalbedarfs haben. Dies sind:

- Prozessanordnung, Unternehmensgröße, Leistungsprogramm und Beschäftigung, die so genannten **mengenbezogene** Faktoren;

- Prozessgeschwindigkeit, der **zeitbezogene** Faktor;
- Preis, der **wertbezogene** Faktor.

2.1.1 Die mengenbezogenen Einflussfaktoren auf den Kapitalbedarf

Es besteht ein enger Zusammenhang zwischen der Prozessanordnung und dem Kapitalbedarf eines Unternehmens. In Abhängigkeit von der geplanten Produktionsmenge und den vorhandenen Kapazitäten hat das Unternehmen drei prinzipielle Möglichkeiten der Prozessanordnung:

1. Die Prozesse können parallel angeordnet werden, d.h., die Prozesse beginnen und enden zur selben Zeit. Diese Art der Prozessgestaltung ermöglicht die größte Produktionsmenge, weist jedoch auch den höchsten Kapitalbedarf aller Gestaltungsmöglichkeiten auf.

2. Die Prozesse beginnen zeitlich nacheinander. Entsprechend gering sind (bei bestehenden Kapazitäten) die Produktionsmengen, die innerhalb eines gegebenen Zeitraums produziert werden können. Allerdings ist auch der Kapitalbedarf niedrig. Von allen alternativen Prozessanordnungen ist der Kapitalbedarf bei dieser Möglichkeit am geringsten.

3. Die Prozesse können zeitlich gestaffelt angeordnet werden. In diesem Fall beginnt der zweite Prozess zeitverzögert zum ersten, aber stets bevor der erste beendet ist. Somit gibt es Phasen, in denen parallel produziert wird, und Phasen, in denen nur ein Prozess realisiert wird. Hinsichtlich der Produktionsmenge und dem Kapitalbedarf liegt diese Alternative zwischen den beiden erstgenannten.

Beispiel 2.2: Prozessanordnung und Kapitalbedarf

> Das Unternehmen Alpha-Technologie hat sich auf die Herstellung von elektronischen Bauteilen spezialisiert. Es verfügt über die Kapazität, zwei Serien (jeweils 1.000 Stück) zeitlich parallel zu produzieren. Mit der bestehenden technischen Ausstattung kann das Unternehmen das Bauteil innerhalb von vier Perioden fertigen. Die mit einer Serie (= 1.000 Stück) verbun-

denen Auszahlungen belaufen sich auf € 25.000 in der ersten Periode, € 45.000 in der zweiten und € 35.000 in der dritten Periode. In der vierten Periode kommt es aus den Verkäufen zu Einzahlungen in Höhe von € 150.000.

Das Unternehmen entschließt sich aufgrund der guten Auftragslage, beide Produktionseinheiten zu nutzen und die Prozesse parallel anzuordnen, was einer Produktionsmenge von 10.000 Stück innerhalb von drei Perioden entspricht.

Tabelle 2.1: Kapitalbedarf bei paralleler Prozessanordnung

t / Prozess	1	2	3	4	5	6	7	8
Zahlungsströme in Tsd. €, Serie 1 + 2	-50	-90	-70	+300				
Kumulierte Ausz.	50	140	210	210				
Kumulierte Einz.				300				
Kapitalbedarf	50	140	210	-90				

Der maximale Kapitalbedarf des Unternehmens bei dieser Prozessgestaltung beläuft sich auf € 210.000 (vgl. Tabelle 2.1). In der vierten Periode kommt es zu einem negativen Kapitalbedarf, d.h. einem Einzahlungsüberschuss. Sollte die Herstellung dieses Bauteils die einzige Aktivität des Unternehmens sein und sollten keine Fixkosten in den Perioden anfallen, dann hätte das Unternehmen einen Jahresüberschuss von € 90.000 erwirtschaftet. Bleibt dieser Einzahlungsüberschuss als Eigenkapital im Unternehmen, dann reduziert sich der Kapitalbedarf in den nächsten Perioden entsprechend.

Aufgrund der positiven Entwicklung auf dem Absatzmarkt kann das Unternehmen bis zu 20.000 Stück der Bauteile absetzen. Deshalb beginnt es in der vierten Periode mit der Produktion von weiteren 10.000 Stück. Der maximale Kapitalbedarf beläuft sich weiterhin auf € 210.000, dieser reduziert sich jedoch in den Folgeperioden aufgrund der erzielten Einzahlungsüberschüsse (vgl. Tabelle 2.2).

Tabelle 2.2: Kapitalbedarf bei paralleler Prozessanordnung und erhöhter Produktionsmenge

t Prozess	1	2	3	4	5	6	7	8
Zahlungsströme in Tsd. € Serie 1 + 2	-50	-90	-70	+300				
Zahlungsströme in Tsd. € Serie 3 + 4				-50	-90	-70	+300	
Kumulierte Ausz.	50	140	210	260	350	420	420	
Kumulierte Einz.				300	300	300	600	
Kapitalbedarf	50	140	210	-40	50	120	-180	

Entschließt sich das Unternehmen, die ursprüngliche Produktionsmenge von 10.000 Stück zeitlich nacheinander zu produzieren, dann reduziert sich sein Kapitalbedarf merklich und beträgt maximal € 105.000 (vgl. Tabelle 2.3).

Tabelle 2.3: Kapitalbedarf bei zeitlich nacheinander angeordneter Produktion

t Prozess	1	2	3	4	5	6	7	8
Zahlungsströme in Tsd. €, Serie 1	-25	-45	-35	+150				
Zahlungsströme in Tsd. €, Serie 2				-25	-45	-35	+150	
Kumulierte Ausz.	25	70	105	130	175	210	210	
Kumulierte Einz.				150	150	150	300	
Kapitalbedarf	25	70	105	-20	25	60	-90	

Ähnlich wie im Fall der parallelen Produktionsanordnung entsteht auch in diesem Fall ein Einzahlungsüberschuss in der vierten Periode. Allerdings fällt er mit € 20.000 deutlich niedriger aus. Auch bei zeitlich nacheinander angeordneter Produktion beläuft sich der Einzahlungsüberschuss nach dem Absatz von 10.000 Bauteilen auf € 90.000, er wird aber erst in der siebten Periode realisiert. Insgesamt ist der Umsatz nach sieben Perioden nur halb so hoch wie bei paralleler Anordnung der Produktionsprozesse.

Bei zeitlicher Staffelung erhöht sich zwar einerseits der Kapitalbedarf (maximal € 175.000) gegenüber einer nacheinander erfolgenden Produktion, andererseits steigt auch der Output und damit der Jahresüberschuss. Aufgrund der bestehenden Kapazitäten wird bereits in der achten Periode der gleiche Überschuss wie im Fall der parallelen Produktion erreicht (vgl. Tabelle 2.4).

Tabelle 2.4: Kapitalbedarf bei zeitlich gestaffelter Produktion

t Prozess	1	2	3	4	5	6	7	8
Zahlungsströme in Tsd. €, Serie 1	-25	-45	-35	+150				
Zahlungsströme in Tsd. €, Serie 2		-25	-45	-35	+150			
Zahlungsströme in Tsd. €, Serie 3				-25	-45	-35	+150	
Zahlungsströme in Tsd. €, Serie 4					-25	-45	-35	+150
Kumulierte Ausz.	25	95	175	235	305	385	420	420
Kumulierte Einz.				150	300	300	450	600
Kapitalbedarf	25	95	175	85	5	85	-30	-180

Das Beispiel verdeutlicht, wie sich vor dem Hintergrund bestehender Kapazitäten Produktion und Kapitalbedarf wechselseitig beeinflussen. Setzt man die Beispiele fort, so zeigt sich, wie der Kapitalbedarf des Unternehmens im Zeitverlauf zurückgeht. Grund hierfür sind die einbehaltenen Jahresüberschüsse. Tatsächlich wird das Unternehmen jedoch die Eigenkapitalgeber entlohnen müssen, sodass es zu entsprechenden Auszahlungen kommt, die dann den Kapitalbedarf wieder erhöhen.

Neben der Prozessanordnung gehört die **Beschäftigung** zu den mengenbezogenen Faktoren. Unter Beschäftigung versteht Gutenberg die tatsächliche Auslastung der Kapazitäten. Ein Unternehmen kann die Nutzung seiner Kapazitäten zeitlich, intensitätsmäßig oder quantitativ anpassen.

- Im Fall der zeitlichen Anpassung wird die Nutzungsdauer der Kapazitäten verändert. Bei gleicher Intensität und Quantität variieren die Produktionsmenge und der Kapitalbedarf entsprechend. Da die Quantität der Sachanlagen unverändert bleibt, resultieren die veränderten Kapitalbedürfnisse vor allem aus dem Umlaufvermögen (Materialien) und den Lohnzahlungen (Arbeit).
- Passt das Unternehmen seine Beschäftigung intensitätsmäßig an, dann erhöht oder senkt es die Taktzeiten und erhöht oder senkt so bei gleicher quantitativer und zeitlicher Nutzung die Produktionsmenge. Der Kapitalbedarf variiert in diesem Fall vor allem aufgrund des veränderten Materialbedarfs, während der Bedarf für das Anlagevermögen und die Lohnzahlungen im Wesentlichen unverändert bleiben.
- Entschließt sich das Unternehmen zu einer quantitativen Anpassung, dann wird der Bestand an Sachanlagen und damit die Zahl der Arbeitsplätze verändert. Es werden Kapazitäten auf- oder abgebaut. Bleiben Intensität und Produktionszeit unverändert, ergeben sich erheblich veränderte Kapitalbedürfnisse, da neben dem Anlagevermögen (Maschinen) auch das Umlaufvermögen (Materialien) und die Lohnzahlungen (Arbeit) betroffen sind.

Welche der Variationen der Beschäftigung am vorteilhaftigsten sind, hängt u.a. von den Lieferterminen und den Produktionskosten ab. Erfahrungsgemäß wird ein Unternehmen auf kurzfristige Änderungen (z.B. der Nachfrage) mit zeitlichen und intensitätsmäßigen Anpassungen reagieren, während die quantitative Anpassung ein eher mittelfristiges Instrument der Beschäftigungsanpassung an veränderte Rahmenbedingungen darstellt.

Eine Erweiterung der Unternehmensgröße, als weiterer mengenbezogener Faktor, ist automatisch mit einem gestiegenen Kapitalbedarf verbunden. Allerdings muss sich dieser nicht in jedem Fall proportional entwickeln. So können Rationalisierungsmöglichkeiten oder bessere Kapazitätsauslastung den Kapitalbedarf nur unterproportional steigen lassen. Andererseits kann auch aufgrund steigender Komplexität der Produktion oder größerer Absatzaktivitäten der Kapitalbedarf überproportional steigen.

Welchen Einfluss schließlich das Leistungsprogramm auf den Kapitalbedarf hat, lässt sich für diesen mengenbezogenen Einflussfaktor nicht eindeutig festlegen. Im Allgemeinen sollten die Komplexitätskosten mit Zunahme der Typenvielfalt steigen. Im Einzelfall kann es jedoch zu gegensätzlichen Entwicklungen kommen.

2.1.2 Die anderen Einflussfaktoren auf den Kapitalbedarf

Die Prozessgeschwindigkeit ist gleichzusetzen mit der Zeit, die der einzelne Prozess von seinem Beginn bis zum Ende benötigt. Deshalb wird die Prozessgeschwindigkeit auch als zeitbezogener Einflussfaktor bezeichnet. Je höher die Prozessgeschwindigkeit ist, umso näher liegen die Ein- und Auszahlungen beieinander. Die Prozessgeschwindigkeit kann durch Modifikationen im güter- oder im finanzwirtschaftlichen Bereich verändert werden. Im güterwirtschaftlichen Bereich führt die Optimierung des Leistungserstellungsprozesses in der Regel zu kürzeren Produktionszeiten und geringeren Lagerzeiten. Während dies die Kapitalbindungsdauer in jedem Fall reduziert, ist die eigentliche Wirkung auf den Kapitalbedarf je Prozess nicht eindeutig. Nur wenn es gelingt, freigesetzte Kapazitäten anders zu nutzen, reduziert sich der Kapitalbedarf. Dagegen kann der Kapitalbedarf je Periode sogar steigen, wenn in Folge der erhöhten Prozessgeschwindigkeit die Auszahlungen früher stattfinden müssen. Kommt es dagegen zu früheren Einzahlungen, sinkt der Kapitalbedarf.

Im finanzwirtschaftlichen Bereich besteht die Möglichkeit, durch verändertes Zahlungsverhalten die Prozessgeschwindigkeit zu erhöhen. Inwieweit es allerdings möglich ist, durch spätere Auszahlungen und frühere Einzahlungen die Prozessgeschwindigkeit zu erhöhen, hängt von den marktlichen Gegebenheiten ab. In der Regel werden sich die Lieferanten gegen spätere Zahlungen und die Kunden gegen Anzahlungen oder frühere Fälligkeiten wehren.

Schließlich übt der Preis der Inputfaktoren einen wertbezogenen Einfluss auf den Kapitalbedarf aus. Erhöht sich der Preis der Verbrauchsgüter, dann steigt auch der Kapitalbedarf. Eine Verbesserung der Einkaufskonditionen lässt dagegen den Kapitalbedarf sinken.

2.2 Aspekte der Finanzplanung

Allgemein kann Planung als geistige Vorwegnahme zukünftiger Ereignisse definiert werden. Entsprechend handelt es sich beim Finanzplan um ein zukunftsorientiertes Rechenwerk. Es nimmt die Zukunft gedanklich vorweg und eröffnet dadurch die Möglichkeit einer aktiven Gestaltung. Für alle Pläne gilt, dass sie den Grundsätzen der **Vollständigkeit** und der **Genauigkeit** entsprechen. Vollständig ist ein Finanzplan, wenn alle Zahlungsströme berücksichtigt werden. Um der Forderung der Genauigkeit zu genügen, müssen die Zeitpunkte und die Beträge der Zahlungen auf realistischen Annahmen beruhen.

Die idealtypische Finanzplanung vollzieht sich, unabhängig vom Planungshorizont, in fünf Schritten:

1. **Finanzprognose** versucht aufgrund der erwarteten Umweltentwicklungen und der unternehmerischen Ziele die zukünftigen Zahlungsströme zu prognostizieren. Dabei können die unterschiedlichsten Planungsmethoden (pragmatische Verfahren, kausale oder extrapolierende Prognosen) eingesetzt werden. Welche dieser Methoden einzusetzen ist, hängt u.a. vom Prognosegegenstand und vom Prognosezeitraum ab.
2. **Planung der Handlungsalternativen** unter Berücksichtigung der verschiedenen Möglichkeiten der Kapitalbeschaffung bzw. der Kapitalverwendung und der gegebenen unternehmerischen Ziele. Es werden Handlungsalternativen erarbeitet und bewertet.
3. **Planausgleich und Planfeststellung** unter Einbeziehung der als optimal erachteten Alternative der Kapitalbeschaffung bzw. der Kapitalverwendung. Umsetzung der sich ergebenden Maßnahmen.
4. **Plankontrolle** einerseits in Form eines Soll-/Ist-Vergleichs, anderseits in Form einer laufenden Prämissenkontrolle. Die Ursachensuche und die Analyse der Abweichungsursachen sind weitere Elemente der Plankontrolle.
5. **Planrevision** als kontinuierlicher Anpassungsprozess an eine sich ändernde Umwelt und an neue Unternehmensziele.

Die wesentliche Schwierigkeit der Finanzplanung liegt in der Unsicherheit der zukünftigen Entwicklungen. Die relevanten Daten lassen sich zwar zum Teil aus den Absatz-, Produktions- und Investitionsplänen ableiten, doch unterscheidet sich die Qualität der Daten erheblich. Während das Unternehmen über die zeitliche Struktur der Auszahlungen im Wesentlichen bestimmen kann, ist das Volumen der Auszahlungen insofern ungewiss, da die Preise der Inputfaktoren Schwankungen unterliegen. Besonders anspruchsvoll ist die Prognose der Einzahlungsströme, denn Preise, Volumen und die zeitliche Struktur sind in diesem Fall unsicher. Angesicht der offensichtlichen Prognoseschwierigkeiten stellt die Flexibilität der Planung einen wesentlichen Erfolgsfaktor dar.

2.2.1 Zeitliche Aspekte der Finanzplanung

Dem Ziel der Liquiditätssicherung tragen die Finanzpläne unter Berücksichtigung ihres zeitlichen Planungshorizonts auf unterschiedliche Weise Rechnung. Im Allgemeinen wird zwischen langfristiger, strategischer, und kurzfristiger, operativer Planung unterschieden. Als langfristig gelten Planungszeiträume von über drei Jahren, während kurzfristige Pläne selten mehr als die nächsten sechs Monate berücksichtigen.

Die Lücke zwischen strategischer und operativer Planung wird durch die **taktische Planung**, die sich aus der strategischen Planung ergibt, geschlossen. Die unterschiedlichen Planungshorizonte bringen es mit sich, dass sich auch Planungsobjekte unterscheiden. Die **kurzfristige Finanzplanung** hat die Planung von Zahlungsströmen (Ein- und Auszahlungen) zum Gegenstand und prognostiziert den Kapitalbedarf des Unternehmens. Dagegen wird in der **langfristigen Finanzplanung** die Bilanzstruktur modelliert, um durch die Einhaltung gewisser Normen die zukünftige Liquidität zu sichern.

2.2.1.1 Die kurzfristige Finanzplanung

Das Ziel der kurzfristigen Finanzplanung ist es, die Plangrößen so zu steuern, dass die Liquidität des Unternehmens zu jeder Zeit sichergestellt ist. Entsprechend werden alle erwarteten Ein- und Auszahlungen des Unternehmens gegenübergestellt, um möglichst frühzeitig Hinweise auf drohende Illiquidität zu bekommen. Basierend auf den Erkenntnissen des kurzfristigen Finanzplans lässt sich der **Kapitalbedarf** als Differenz zwischen den kumulierten Aus- und Einzahlungen ermitteln. Tabelle 2.5 gibt einen Überblick über den Aufbau eines kurzfristigen Finanzplans.

Tabelle 2.5: Der Aufbau eines kurzfristigen Finanzplans

Finanzplan von ....bis	Jan.	Feb.	März	.....
Zahlungsmittelbestand				
Einzahlungen				
- aus ordentlichen Umsätzen				
- aus Desinvestitionen				
- aus Finanzerträgen				
Summe				
Auszahlungen				
- für laufende Geschäfte				
- für Investitionszwecke				
- im Rahmen des Finanzverkehrs				
Summe				
Überschuss/Fehlbetrag				

Die Gliederung des Finanzplans ist beispielhaft in dem Sinn, dass eine Aufgliederung auch nach Produkten, Projekten oder Bereichen möglich ist. Letztlich bestimmen die betrieblichen Gegebenheiten die Struktur eines Finanzplans. Für alle Zahlungen gilt das Prinzip des **Bruttoausweises**, d.h., Ein- und Auszahlungen dürfen nicht miteinander verrechnet werden. Somit wird sichergestellt, dass eventuelle Abweichungen von den Plangrößen direkt beobachtet werden können. Ergibt sich aufgrund der Finanzplanung ein Kapitalbedarf oder ein Finanzmittelüberschuss, so sind die verschiedenen Möglichkeiten der Kapitalbeschaffung bzw. der Kapitalverwendung zu prüfen, um anschließend die optimale Wahl zu treffen.

2.2.1.2 Die langfristige Finanzplanung

Die langfristige Finanzplanung basiert auf Bilanzveränderungen zwischen verschiedenen Stichtagen. Die Veränderungen die sich ergeben, können als

Ergebnis finanzwirtschaftlicher Entscheidungen interpretiert werden, die in **Bewegungsbilanzen** dargestellt werden. Dementsprechend dokumentiert eine Bewegungsbilanz die Veränderung in der Mittelherkunft bzw. in der Mittelverwendung zwischen zwei aufeinander folgenden (Plan-)Bilanzen. Unter dem Begriff der Mittelherkunft werden alle Abnahmen an Aktiva (Kapitalfreisetzung) und Zunahmen von Passiva (Zuführung von Kapital) summiert. Entsprechend umfasst die Mittelverwendung die Zunahme von Aktiva (Erhöhung der Kapitalbindung) und Abnahme von Passiva (Rückzahlung von Fremdkapital oder Eigenkapital).

Beispiel 2.2: Bewegungsbilanzen

Tabelle 2.6 zeigt schematisch die Bilanzen der Firma Primatech für die Jahre 2000 und 2001.

Tabelle 2.6: Bewegungsbilanz als Element der langfristigen Finanzplanung

Bilanzpositionen in Tsd. €	2003	2004	Bewegungsbilanz 2004	
			Mittel-verw.	Mittel-herk.
Anlagevermögen	250	270	20	
Umlaufvermögen	140	130		10
Eigenkapital	210	240		30
Langfr. Verbindlichk.	120	130		10
Kurzfr. Verbindlichk.	60	30	30	

Je höher der Detaillierungsgrad ist, umso genauer können die Veränderungen eingefangen werden, die sich bei der Mittelherkunft bzw. der Mittelverwendung ergeben haben. (Im Beispiel wurde zur Vereinfachung jedoch stark aggregiert.) Das zusätzliche Eigenkapital, insgesamt € 30.000, stammte aus dem Vorjahresgewinn und einer Kapitalerhöhung. Darüber hinaus ist dem Unternehmen durch die Erhöhung der langfristigen Verbindlichkeiten Kapital zugeführt worden. Zudem erfolgte eine Kapitalfreisetzung durch den Abbau des Umlaufvermögens. Die zusätzlichen Mittel wurden einerseits zu einer Erhöhung des Anlagevermögens (= Erhöhung der Kapitalbindung) und andererseits zur Rückzahlung der kurzfristigen Verbindlichkeiten genutzt. Allerdings liefern die Bewegungsbilanzen nur ein unvollständiges Bild der Mittelherkunft bzw. -verwendung, weil die Bilanzposten nur die Salden aller Transaktionen ausweisen.

Basierend auf den Bewegungsbilanzen lassen sich langfristige **Kapitalbindungspläne** entwickeln, in denen Mittelherkunft und -verwendung gegenübergestellt werden, um so die strukturelle Liquidität zu sichern. Der Vorteil der Kapitalbindungspläne liegt darin, dass sie das Unternehmen zur Abstimmung der finanzwirtschaftlich relevanten Entscheidungen zwingen, damit ein Ausgleich erreicht wird. Indem die langfristige Finanzplanung die Einhaltung von Bilanznormen gewährleistet, dient sie der Schaffung und Aufrechterhaltung von Finanzierungsspielräumen.

2.2.2 Arten der Finanzplanung

Die Vielzahl der Variablen und deren Interdependenz erschwert die Prognose der planungsrelevanten Größen. Als Reaktion auf das damit verbundene Risiko, schwere Planungsfehler zu begehen, wurden verschiedene Arten der Finanzplanung entwickelt. Dies sind neben der elastischen Finanzplanung die rollierende Planung und die alternative Planung.

2.2.2.1 Die elastische Finanzplanung

Die elastische Finanzplanung versucht, das Planungsrisiko dadurch zu minimieren, dass bestimmte Elastizitätsreserven eingebaut werden. Im Fall der Finanzwirtschaft sind dies vor allem Liquiditätsreserven und Rücklagen. Die Elastizität kann aber auch allgemein durch den Aufbau von Handlungsoptionen erreicht werden. Generell erhöht es die Elastizität, wenn Entscheidungen über wesentliche Planungsgrößen so spät wie möglich getroffen werden, da das Informationsniveau im Zeitverlauf steigt und das

Planungsrisiko entsprechend abnimmt. So lassen sich die Konkretisierungskosten minimieren, die ansonsten durch die Revision einer einmal getroffenen Entscheidung entstehen. Die elastische Planung versucht, Raum für Improvisationen zu schaffen. Sie ist damit ein typisches Planungsinstrument der mittel- und langfristigen Planung, da nur dort die Planungstoleranzen groß genug sind.

2.2.2.2 Die rollierende Finanzplanung

Unter rollierender Finanzplanung wird der turnusmäßige Wechsel zwischen Finanzplänen mit gleichem Zeithorizont verstanden. Ziel dieser Planungsart ist es, kontinuierliche Plananpassungen zu ermöglichen. Entsprechend sind rollierende Pläne vor allem in der kurzfristigen Planung zu finden. Deckt beispielsweise die kurzfristige Planung eines Unternehmens einen Zeitraum von sechs Monaten ab, dann kann ein Sechs-Monats-Plan nach jeweils zwei Monaten durch einen neuen Sechs-Monats-Plan ersetzt werden.

In der Praxis werden rollierende Pläne häufig in ein Planungssystem eingebunden, in dem mittelfristige Umrisspläne und kurzfristige Detailpläne zusammengeführt werden. Vor dem Hintergrund der eher allgemein formulierten mittelfristigen Grobplanung werden die Feinheiten der kurzfristigen Planung festgelegt. Unabdingbare Voraussetzung für den sinnvollen Einsatz der rollierenden Planung ist ein zeitnahes Controlling, das die Ist-Werte der Plandaten und die Veränderung der Einflussfaktoren dokumentiert, damit diese in den nächsten Plan einfließen können.

2.2.2.3 Die alternative Finanzplanung

In diesem Fall wird das Planungsrisiko reduziert, indem für wahrscheinliche Umweltsituationen spezielle Pläne entwickelt werden. Dies kann dadurch geschehen, dass mit Hilfe der Szenariotechnik unterschiedliche Pläne für unterschiedliche Entwicklungslinien (günstigster, ungünstigster, wahrscheinlichster Fall) entwickelt werden, auf die das Unternehmen gegebenenfalls zurückgreifen kann. Tritt eine der definierten Umweltsituationen ein, dann wird der dafür entwickelte Plan realisiert. Elastische und alternative Finanzplanung unterscheiden sich dahingehend, dass im einem Fall ein Plan entwickelt wird, da aufgrund einer Handlungsoptionen angepasst werden kann (= elastische Planung), im anderen Fall liegen mehrere detaillierte Finanzpläne vor, von denen im konkreten Fall nur einer realisiert wird. Die alternative Finanzplanung ist sehr kosten- und zeitintensiv.

Der Nutzen der alternativen Finanzplanung nimmt mit der Varianz der Umweltsituationen zu. Ist diese groß genug, kann das Planungsrisiko in der Regel nicht durch die elastische Planung aufgefangen werden. Ansonsten – und immer dort, wo dies überhaupt möglich ist – ist die elastische Planung der Alternativplanung zu bevorzugen. Die rollierende Planung stellt eine recht pragmatische Lösung zur Reduktion des Planungsrisikos dar, die immer dann vorteilhaft ist, wenn das Controlling in der Lage ist, zeitnahe Daten zu liefern.

2.3 Finanzierungspolitik

Um einen bestehenden Finanzbedarf zu decken, stehen dem Unternehmen verschiedene Finanzierungsinstrumente zur Verfügung. Für welcher dieser Instrumente sich das Unternehmen entscheidet, hängt von seinen Zielen ab, die wiederum von den Zielen der Eigenkapital- bzw. Fremdkapitalgebern abhängen. Prinzipiell kann entweder die Minimierung der Kapitalkosten oder die Maximierung des Marktwertes des Unternehmens angestrebt werden. Daneben spielt auch die Einhaltung von Bilanznormen eine wichtige Rolle in der Finanzierungspolitik. Nur wenn gewisse Standards eingehalten werden, gilt ein Unternehmen als kreditwürdig.

2.3.1 Bilanzkennzahlen als Steuerungsgrößen

Im Rahmen des Finanzmanagements, fällt der Bilanz besondere Bedeutung zu, da sie häufig die einzige Informationsquelle für Außenstehende ist. Die Bilanzdaten genießen ein hohes Ansehen, da sie nach einem anerkannten System ermittelt wurden, das dem einzelnen Unternehmen nur einen kleinen Gestaltungsspielraum lässt. Bilanzkennzahlen stellen häufig Erfahrungswerte dar, deren Aussagegehalt zumeist theoretisch nicht abgesichert ist. Trotzdem stellen die Finanzierungsregeln Grundsätze für die Gestaltung der Kapitalstruktur auf, die sowohl den Zielen der Unternehmensleitung (= Liquiditätssicherung) dienen, als auch für Kapitalgeber (= Sicherung der Gläubigerrechte) von Interesse sind.

2.3.1.1 Horizontale Bilanzkennzahlen

Die horizontalen Bilanzstrukturkennzahlen stellen eine Verbindung zwischen Kapitalbeschaffung und Kapitalverwendung her. Sie bringen also Investition und Finanzierung bzw. Vermögen und Kapital in Zusammenhang. Formuliert als Finanzierungsregeln, die bestimmte Deckungsgrade vorschreiben, soll durch die Einhaltung gewisser Relationen zwischen Aktiva und Passiva die Liquidität des Unternehmens sichergestellt werden. Diese Grundüberlegung findet ihren Ausdruck in der „goldenen Finanzierungsregel" bzw. der „goldenen Bilanzregel".

- Die **goldene Finanzierungsregel** lässt sich auf den Grundsatz der fristenkongruenten Finanzierung zurückführen. Sie besagt, dass Kapital nicht längerfristig als bis zu seinem Rückzahlungstermin investiert werden soll. Entsprechend soll jeder Vermögensposition eine Kapitalposition gegenüberstehen, die dem Unternehmen so lange zur Verfügung steht, wie Vermögensposition das Kapital bindet. Wird eine Maschine zum Beispiel über sechs Jahre genutzt und abgeschrieben, dann soll sie durch Kapital finanziert werden, das dem Unternehmen mindestens sechs Jahre zur Verfügung steht. So soll sichergestellt werden, dass das im Vermögensgegenstand gebundene Kapitals wieder frei gesetzt wird, bevor die Rückzahlung des Kapitals ansteht.

In der Praxis kann die Einhaltung dieser Finanzierungsregel im Nachhinein nicht für jeden Einzelfall überprüft werden. Es gilt deshalb der **Grundsatz der totalen Finanzierung**, nachdem die Aktiva durch die gesamten Passiva finanziert werden und eine einzelne Zurechnung nicht erfolgen kann. Als goldene Finanzregel gilt deshalb:

$$\frac{\text{langfristiges Vermögen}}{\text{langfristiges Kapital}} \leq 1 \quad \text{bzw.}$$

$$\frac{\text{kurzfristiges Vermögen}}{\text{kurzfristiges Kapital}} \geq 1.$$

Tatsächlich gewährleistet die Einhaltung der goldenen Finanzierungsregel keinesfalls die Liquidität des Unternehmens. Dies ist darauf zurückzuführen, dass in der Bilanz eine Reihe von regelmäßigen Auszahlungen (für Löhne, Mieten, Steuern etc.) nicht enthalten sind und deshalb nicht berücksichtigt werden.

- Die **goldene Bilanzregel** fordert die Einhaltung bestimmter Relationen zwischen bestimmten Vermögens- und Kapitalarten. Im engeren Sinn wird gefordert, dass das Anlagevermögen durch Eigenkapital und langfristiges Fremdkapital gedeckt wird. Entsprechend gilt dann:

$$\frac{\text{Anlagevermögen}}{\text{Eigenkapital}} \leq 1.$$

In jüngerer Zeit wurde die goldene Bilanzregel im weiteren Sinn dahingehend modifiziert, dass das Anlagevermögen langfristig, also durch Eigenkapital und Fremdkapital, zu finanzieren ist. In diesem Fall gilt:

$$\frac{\text{Anlagevermögen}}{\text{Eigenkapital} + \text{langfristiges Fremdkapital}} \leq 1.$$

Die goldene Bilanzregel fordert demnach die Deckung des langfristigen Finanzbedarfs durch langfristiges Vermögen. In der Praxis sind große Teile des Umlaufvermögens, nämlich die Warenbestände, die Forderungen und die Liquiditätsreserven, ständig im Unternehmen. Folgt man der goldenen Bilanzregel, dann müsste das gesamte Vermögen, abgesehen von wenigen Spitzenwerten, mit Eigenkapital und langfristigem Fremdkapital finanziert sein. Gleichzeitig zeigt sich, dass Teile des Anlagevermögens keine langfristige Kapitalbildung darstellen. Wertpapiere, aber auch Grundstücke, lassen sich in der Regel rasch liquidieren. Es ist deshalb nicht einsichtig, weshalb diese Vermögensstände zur Liquiditätssicherung langfristig finanziert sein sollten.

Unter dem Aspekt des Gläubigerschutzes führt die Einhaltung der goldenen Bilanzregel zu einer merklichen Verbesserung der Situation. Im Liquidationsfall ist die Erstattung seines Geldes umso wahrscheinlicher, je höher die Deckung des Anlagevermögens durch Eigenkapital ist. Der Anlagendeckungsgrad bringt diesen Zusammenhang zum Ausdruck. Es gilt:

$$\text{Anlagendeckungsgrad} = \frac{\text{Eigenkapital} + \text{langfristiges Fremdkapital}}{\text{Anlagevermögen}} * 100.$$

Entsprechend den bisherigen Überlegungen, sollte der Anlagedeckungsgrad mindestens 1 sein.

2.3.1.2 Vertikale Bilanzkennzahlen

Die vertikalen Bilanzstrukturregeln stellen Relationen zwischen verschiedenen Positionen der Passivseite her und spiegeln damit die Zusammensetzung des Kapitals wider. So sind die Eigenkapitalquote oder Fremdkapitalquote bekannte vertikale Strukturkennzahlen. Darüber hinaus erfolgt die Beurteilung eines Unternehmens anhand des Verschuldungsgrads. Er ergibt sich als:

$$\text{Verschuldungsgrad} = \frac{\text{Fremdkapital}}{\text{Eigenkapital}} * 100.$$

Aufbauend auf dem Verschuldungsgrad werden verschieden Forderungen an die Kapitalstruktur gestellt, die das Risiko des Forderungsausfalls für den Fremdkapitalgeber reduzieren sollen. So besagt die 1:1-Regel, dass die Einlagen der Eigenkapitalgeber mindestens so hoch wie die der Fremdkapitalgeber sein sollen. Bei gegebener Vermögensstruktur ist das Risiko der Fremdkapitalgeber umso geringer ist, je höher der Eigenkapitalanteil ist. Leider lassen sich keine allgemeinen Aussagen treffen, welches Verhältnis eine ausreichende Sicherheit bietet. Häufig wird ein Verhältnis zwischen Fremd- und Eigenkapital von 2:1 als ausreichend angesehen; generell kann eine sinnvolle Beurteilung ohne Berücksichtigung der Vermögensstruktur jedoch nicht erfolgen.

2.3.2 Management der Kapitalstruktur

Die Erkenntnisse der Finanzierungstheorie führen unweigerlich zur Frage, ob es eine optimale Kapitalstruktur und damit eine optimale Verschuldungspolitik gibt. Allein die Antwort, ob es eine optimale Kapitalstruktur gibt, hängt von den getroffenen Annahmen ab. Wird davon ausgegangen, dass sich die Kapitalkosten in Abhängigkeit vom Finanzvolumen nicht linear entwickeln, dann besteht die Möglichkeit der Optimierung. Wird dagegen die Meinung vertreten, die durchschnittlichen Kosten seinen unabhängig von der Kapitalzusammensetzung, dann gibt es den optimalen Verschuldungsgrad nicht, da sich die Kapitalkosten proportional entwickeln werden.

2.3.2.1 Das Kapitalstrukturrisiko

Jedes Unternehmen, das eine Investition tätigt, geht ein Investitionsrisiko ein. Darunter wird die Gefahr verstanden, dass die tatsächlichen Zahlungen aus der Investition nicht den erwarteten Zahlungen entsprechen, denn in einer unsicheren Umwelt können die realisierten Erträge einer Investition erheblichen Schwankungen unterliegen. Jeder Investor ist sich dieses Risikos gewusst und versucht es in seiner Investitionsentscheidung zu berücksichtigen. Finanzieren die Unternehmen ihre Investition vollständig aus Eigenkapital, dann hängt die Verzinsung des Eigenkapitals allein vom unternehmerischen Erfolg der Investition ab. Werden die Investitionen jedoch auch mit Fremdkapital finanziert, dann besteht ein Kapitalstrukturrisiko. Es entsteht durch die Notwendigkeit der Verzinsung des Fremdkapitals. Aufgrund der Fremdkapitalzinsen sinken die Investitionserträge, gleichzeitig sinkt der Eigenkapitalanteil. Dies erhöht die Streuung der Eigenkapitalverzinsung, was gleichzusetzen ist mit einer Zunahme des Risikos.

Beispiel 2.3: Das Kapitalstrukturrisiko

> Im Unternehmen A wird in neue Maschinen investiert. Das Investitionsvolumen beträgt € 200.000. Angesichts der Unsicherheit der weiteren Entwicklung ist der Ertrag nicht eindeutig bestimmt. Im besten Fall beträgt er € 40.000, im schlechtesten Fall € 10.000. Das Unternehmen steht vor der Entscheidung, ob es die Maschinen teilweise mit Fremdkapital finanzieren soll. Die Fremdkapitalzinsen betragen 8 %, unabhängig vom Investitionsvolumen. Der Zusammenhang zwischen Kapitalstruktur und Eigenkapitalrendite ist in Tabelle 2.7 dargestellt.
>
> *Tabelle 2.7:* Eigenkapitalrendite im besten Fall der Investitionsentwicklung (Gewinn = € 40.000)
>
> | Bilanzpositionen | Fall 1a | Fall 1b | Fall 2a | Fall 2b |
> |---|---|---|---|---|
> | Eigenkapital in Tsd. € | 200 | 50 | 200 | 50 |
> | Fremdkapital | 0 | 150 | 0 | 150 |
> | Gewinn vor Zinsen | 40 | 40 | 10 | 10 |
> | Zinsen auf FK | 0 | 12 | 0 | 12 |
> | Gewinn nach Zinsen | 40 | 28 | 10 | -2 |
> | EK-Rentabilität | 20 % | 56 % | 5 % | -4 % |
>
> Durch den Fremdkapitaleinsatz kann im besten Fall die Eigenkapitalrendite von 20 % auf 56 % erhöht werden. Im schlechtesten Fall zu sinkt die Eigenkapitalrendite aber von 5 % auf -4 %. In beiden Fällen hat die Varianz zugenommen. Außer dem Finanzstrukturrisiko besteht zudem das Risiko, in finanzielle Schwierigkeiten (= Konkursrisiko) zu geraten.

2.3.2.2 Der Leverage-Effekt

Das Finanzstrukturrisiko zeigt, wie die Kapitalzusammensetzung den Investitionserfolg beeinflusst. Es zeigt sich, dass drei Faktoren die Eigenkapitalrentabilität (r_{EK}) beeinflussen. Dies sind:

- Gesamtkapitalrentabilität (r_{GK})
- Fremdkapitalzinsen (i)
- Verschuldungsgrad ($V = \frac{FK}{EK}$).

Die Variablen stehen in folgendem Zusammenhang:

$$r_{EK} = r_{GK} + \frac{FK}{EK} * (r_{GK} - i).$$

Basis der Eigenkapitalrentabilität ist die Gesamtkapitalrentabilität, die den Erfolg der Investitionen bzw. aller unternehmerischen Aktivitäten dokumentiert. In Abhängigkeit vom Verschuldungsgrad als Niveaugröße entscheidet dann die Differenz zwischen Gesamtkapitalrentabilität und Fremdkapitalzins, ob die Eigenkapitalrentabilität durch die Aufnahme von Fremdmitteln steigt, fällt oder unverändert bleibt. Allgemein beschreibt der **Leverage-Effekt** die Auswirkungen der Verschuldung auf die Eigenkapitalrentabilität.

Beispiel 2.4: Leverage-Effekt

> Das Unternehmen A plant die Eigenkapitalrentabilität durch die Aufnahme von Fremdkapital zu erhöhen. Der Fremdkapitalzins beträgt 8 % und die Gesamtkapitalrentabilität 15 %. Die Entwicklung der Eigenkapitalrentabilität ist in Tabelle 2.8 dargestellt.

Tabelle 2.8: Positiver Leverage-Effekt

Bilanzpositionen	Fall 1	Fall 2	Fall 3	Fall 4
Gesamtkapital in Tsd. €	1.000	1.000	1.000	1.000
Eigenkapital	1.000	750	500	250
Fremdkapital	0	150	500	750
Gewinn vor Zinsen	150	150	150	150
Zinsen auf FK	0	12	40	60
Gewinn nach Zinsen	150	138	110	90
EK-Rentabilität	15 %	18,4 %	22 %	36 %

> Erwartungsgemäß steigt die Eigenkapitalrendite mit zunehmenden Fremdkapitalanteil, denn die Differenz zwischen Gesamtkapitalrendite und Fremdkapitalzins ist positiv. Die Eigenkapitalrentabilität wird sogar unendlich groß, wenn das Eigenkapital gegen Null tendiert.

Der Leverage-Effekt kann in drei verschiedenen Formen auftreten:

1. Liegt die Gesamtkapitalrentabilität über dem Fremdkapitalzins, dann erhöht die Aufnahme von Fremdkapital die Eigenkapitalrentabilität. Es wird dann von einem positiven Leverage-Effekt gesprochen.
2. Ist die Differenz $(r_{GK} - i)$ negativ, dann kann die höchste Eigenkapitalrendite bei einem Verschuldungsgrad von Null erreicht werden, denn die Aufnahme von Fremdkapital reduziert die Eigenkapitalrendite. Es kommt es zu einem negativen Leverage-Effekt.
3. Fremdkapitalzins und Gesamtkapitalrentabilität entsprechen sich, dann bleibt der Leverage-Effekt aus. In diesem Fall verändert die Finanzierungsstruktur die Eigenkapitalrendite nicht.

Die Überlegungen zum Leverage-Effekt sind problematisch, da sie die Risikoaspekte unberücksichtigt lassen. Tatsächlich ist die Gesamtkapitalrendite eines Unternehmens unsicher. Deshalb lässt sich die Differenz zwischen Gesamtkapitalrendite und Fremdkapitalzins nicht sicher voraussagen und damit bleibt unsicher, ob sich ein positiver Effekt nicht zum Gegenteil verkehrt. Zudem steigt das Risiko der Illiquidität aufgrund der hohen Zinszahlungen als Folge der zunehmenden Verschuldung. Da die Aufnahme von Fremdkapital die vertikalen Bilanzstruktur negativ beeinflusst, werden die Fremdkapitalgeber auf die Erhöhung des Verschuldungsgrads und der damit verbundenen Erhöhung des Ausfallrisikos mit steigenden Zinsforderungen reagieren. Dies reduziert das Potenzial des Leverage-Effekts.

2.3.2.3 Die traditionelle These vom optimalen Verschuldungsgrad

Die traditionelle These zum optimalen Verschuldungsgrad begründet sich auf Beobachtungen des tatsächlichen Verhaltens der Kapitalgeber, ohne dieses gesichert nachweisen zu können. Sie geht davon aus, dass ein optimaler Verschuldungsgrad existiert und zwar an der Stelle, an der die Gesamtkapitalkosten ihr Minimum haben. Die Gesamtkapitalkosten ergeben sich als gewogenes Mittel der Eigen- und der Fremdkapitalkosten. Es besteht folgender Zusammenhang:

$$K_{GK} = \frac{EK}{GK} * r_{EK} + \frac{FK}{GK} * i.$$

Die Fremdkapitalgeber bestimmen ihren Zins unter Berücksichtigung ihres Ausfallrisikos, ihrer Handlungsalternativen und ihrer Konsumpräferenzen. Anhand der Überlegungen zum Leverage-Effekt wird deutlich, dass die Fremdgeber ihre Zinsforderungen mit steigendem Verschuldungsgrad erhöhen werden. Welcher Verschuldungsgrad als kritisch erachtet wird und welcher Zinsaufschlag zur Kompensation nötig ist, hängt von den Präferenzen der Fremdkapitalgeber ab.

Fraglich ist dagegen, welche Renditeforderungen die Eigenkapitalgeber haben und ob diese vom Verschuldungsgrad beeinflusst werden. Eine Antwort auf diese Frage liefern die Überlegungen zum Capital-Asset-Pricing-Modell (CAPM), dem Preisbildungsmodell für Geldanlagen und reale Vermögensanlagen. Danach hängt der Preis einer Vermögensanlage zum einen von dem Zins ab, der sich risikolos erzielen lässt (= Festgeldzinssatz) und zum anderen von einer Risikoprämie. Die Höhe der Risikoprämie wird durch den Marktpreis des Risikos und das unternehmensspezifische Risiko bestimmt. Der Eigenkapitalgeber wird demnach eine Verzinsung fordern, die diese Faktoren berücksichtigt. Da mit wachsendem Verschuldungsgrad bekanntlich auch das unternehmensspezifische Risiko zunimmt, kann davon ausgegangen werden, dass auch der Eigenkapitalgeber mit steigenden Verschuldungsgrad seinen Anspruch an die Eigenkapitalverzinsung erhöhen wird.

Die Kapitalkostenkurven verdeutlichen die zunehmende Sensibilität der Kapitalgeber hinsichtlich des steigenden Verschuldungsgrads, denn sie steigen zunächst nur unmerklich, später dann beschleunigt an. Aufgrund der bestehenden Differenz zwischen Eigen- und Fremdkapitalkosten können durch die Aufnahme des relativ billigeren Fremdkapitals die Gesamtkapitalkosten zunächst gesenkt werden (vgl. Abbildung 2.2).

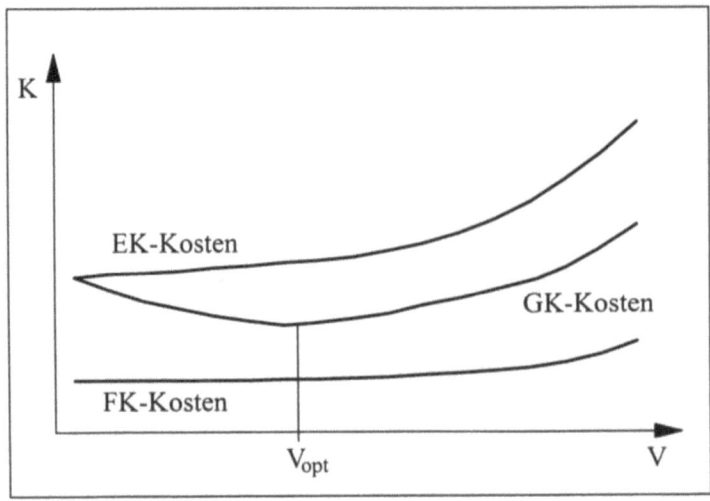

Abbildung 2.2: Traditionelle Sicht der Kapitalkostenverläufe

Der Leverage-Effekt macht sich bis zum optimalen Verschuldungsgrad positiv bemerkbar. Obwohl Eigen- bzw. Fremdkapitalgeber ihre Renditeforderungen aufgrund des gestiegenen Risikos erhöhen, steigen die Gesamtkapitalkosten erst in dem Moment, in dem der Kostenanstieg den positiven Effekt der Fremdkapitalaufnahme übersteigt (vgl. Tabelle 2.9).

Tabelle 2.9: Verschuldungsgrad und Kapitalkosten

Verschuldungsgrad	0	0,25	0,43	1	1,5
Eigenkapital in Tsd. €	1000	800	700	500	400
Geforderte EK-Rendite	10 %	10 %	11 %	16 %	25 %
EK-Kosten	100	80	77	80	100
Fremdkapital	0	200	300	500	600
FK-Zinsen	6 %	6 %	8 %	12 %	15 %
FK-Kosten	0	12	24	60	90
GK-Kosten	100	92	101	140	190

2.3.2.4 Die These von Modigliani-Miller

Während die traditionelle These das Vorhandensein eines optimalen Verschuldungsgrads belegt, widersprechen Modigliani und Miller dieser Hypothese. Sie gehen davon aus, dass die Gesamtkapitalkosten parallel zur Abszisse (= Verschuldungsgrad) verlaufen. Bleiben die Gesamtkapitalkosten konstant, dann existiert kein optimaler Verschuldungsgrad. Die These von Modigliani/Miller geht von drei Prämissen aus. Dies sind:

1. Der Kapitalmarkt ist vollkommen, d.h., bei gleichem Informationsstand kommen die rational handelnden Entscheider zur gleichen Bewertung der Anlagemöglichkeiten. Zudem bestehen keine Transaktionskosten. Eine Arbitrage ist deshalb kostenfrei möglich.
2. Die erwarteten Gewinne sind konstant und die Unternehmen können in Risikoklassen zusammengefasst werden, die ihr existenzielles Risiko zum Ausdruck bringen.
3. Von Steuerzahlungen wird abgesehen. Damit ist es irrelevant, dass die Zinsen vor Steuern und die Dividenden nach Steuern zu zahlen sind.

Durch die Einteilung in Risikoklassen entstehen nach Ansicht von Modigliani und Miller Gruppen von homogenen Gütern. Diese Gruppen unterscheiden sich durch das existenzielle Risiko und den Gewinn. Homogene Güter aber haben in einem vollkommenen Markt die gleichen Preise, d.h. den gleichen Marktwert. Der Marktwert eines Unternehmens (GK^M) entspricht dem Gesamtkapital zu Marktpreisen und ergibt sich als:

$$GK^M = EK^M + FK^M = \frac{g}{\varsigma_K}.$$

Der Marktwert eines Unternehmens hängt damit vom Marktwert des Eigenkapitals und dem Marktwert des Fremdkapitals, das in der Regel dem Nominalwert entspricht, ab. Damit wird der Marktwert eines Unternehmens durch dessen Gewinn vor Abzug der Zinsen (g) und die Marktrate der Risikoklasse (ς_k) bestimmt.

Modigliani und Miller gehen des Weiteren davon aus, dass die durchschnittlichen Kapitalkosten eines Unternehmens unabhängig von der Kapitalstruktur sind. Die Kapitalkosten entsprechen dem Kalkulationszinsfuß für die Diskontierung des Einkommensstroms einer vollständig eigenkapitalfinanzierten Unternehmung der gleichen Risikoklasse. Es gilt:

$$\frac{g}{GK^M} = \varsigma_k.$$

Für die Eigenkapitalkosten eines Unternehmens lässt sich dann ableiten:

$$r_{EK}^* = \varsigma_k + (\varsigma_k - i) * \frac{FK^M}{EK^M} = \varsigma_k + (\varsigma_k - i) * V.$$

Die Berechnung der Eigenkapitalrenditeforderung (r_{EK}^*) entspricht der Formulierung des Leverage-Effekts. Demnach ergibt sich die Forderung an die Rentabilität des Eigenkapitals zum einen aus dem Kalkulationszinsfuß bei vollständiger Eigenkapitalfinanzierung für Unternehmen der gleichen Risikoklasse zuzüglich eines risikoklassenspezifischen Aufschlags für das Leverage-Risiko. Die Höhe des Zuschlags resultiert aus dem Verschuldungsgrad und der Differenz zwischen klassenspezifischer Gesamtkapitalrentabilität und Fremdkapitalzins. Da annahmegemäß der durchschnittliche Kapitalkostensatz unabhängig vom Verschuldungsgrad ist, die geforderte Eigenkapitalrendite aber mit der Verschuldung zunimmt, muss der Fremdkapitalzinssatz unabhängig vom Verschuldungsgrad sein. Dies kann jedoch nur gelten, wenn das Fremdkapital keinem Ausfallrisiko unterliegt. Entsprechend der Annahmen ergibt sich der in Abbildung 2.3 dargestellte Eigenkapitalkostenverlauf.

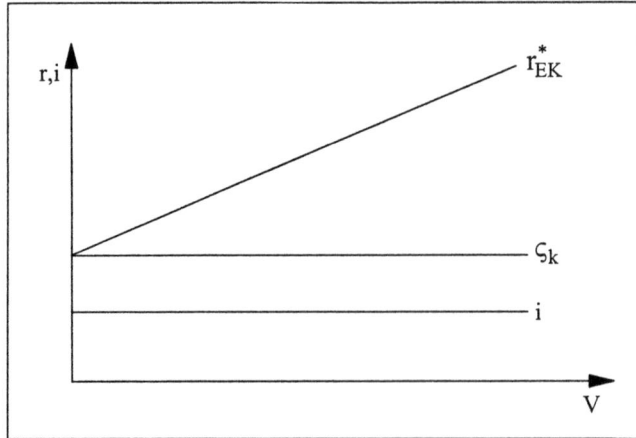

Abbildung 2.3: Eigenkapitalkostenverlauf nach Modigliani-Miller

Die Kritik am Modigliani-Miller-Theorem bezieht sich zunächst auf die Vernachlässigung des Ausfallrisikos der Fremdkapitalgeber. In der Praxis steigt das Ausfallrisiko mit dem Verschuldungsgrad, und die Fremdkapitalgeber werden deshalb einen Risikozuschlag verlangen. Sollte der Fremdkapitalzinssatz jedoch in Abhängigkeit vom Verschuldungsgrad steigen, dann müsste die Eigenkapitalrendite mit zunehmendem Verschuldungsgrad sinken, damit die Kapitalkosten konstant bleiben – eine Entwicklung, die so in der Praxis nicht beobachtet werden konnte.

Übungsaufgaben zum 2. Kapitel

Aufgabe 2.1:
Welche drei Gruppen von realwirtschaftliche Faktoren haben nach *E. Gutenberg* Einfluss auf die Höhe des Kapitalbedarfs?

Aufgabe 2.2:
Welchen Einfluss hat die Prozessanordnung auf den Kapitalbedarf?

Aufgabe 2.3:
Wie vollzieht sich die idealtypische Finanzplanung?

Aufgabe 2.4:
Wie unterscheiden sich kurzfristige und langfristige Finanzplanung?

Aufgabe 2.5:
Beschreiben Sie das Vorgehen bei der elastischen bzw. der rollierenden Finanzplanung.

Aufgabe 2.6:
Was besagt die goldene Bilanzregel bzw. die goldene Finanzregel?

Aufgabe 2.7:
Definieren sie den Verschuldungsgrad. Welche Aussagen lassen sich anhand des Verschuldungsgrads treffen?

Aufgabe 2.8:
Was wird als Kapitalstrukturrisiko bezeichnet?

Aufgabe 2.9:
Was versteht man unter dem Leverage-Effekt?

Aufgabe 2.10:
Von welchen Faktoren hängt es ab, wie sich der Leverage-Effekt entwickelt?

Aufgabe 2.11:
Wie kann der Marktwert eines Unternehmens ermittelt werden?

3 Finanzwirtschaftliche Entscheidungskriterien

Wie einleitend bemerkt, benötigt das Finanzmangement eine klare Zielsetzung, um optimale Finanzierungsentscheidungen treffen zu können. Dieses Kapitel orientiert sich an der Maximierung des Shareholder-Value als unternehmerisches Primärziel. Daraus ergibt sich ein für das Finanzmanagement relevantes Zielsystem, das die Entscheidungskriterien Kapitalkosten, Liquidität, Sicherheit (Risiko einer Kapitalanlage) und Unabhängigkeit umfasst (vgl. Abbildung 3.1).

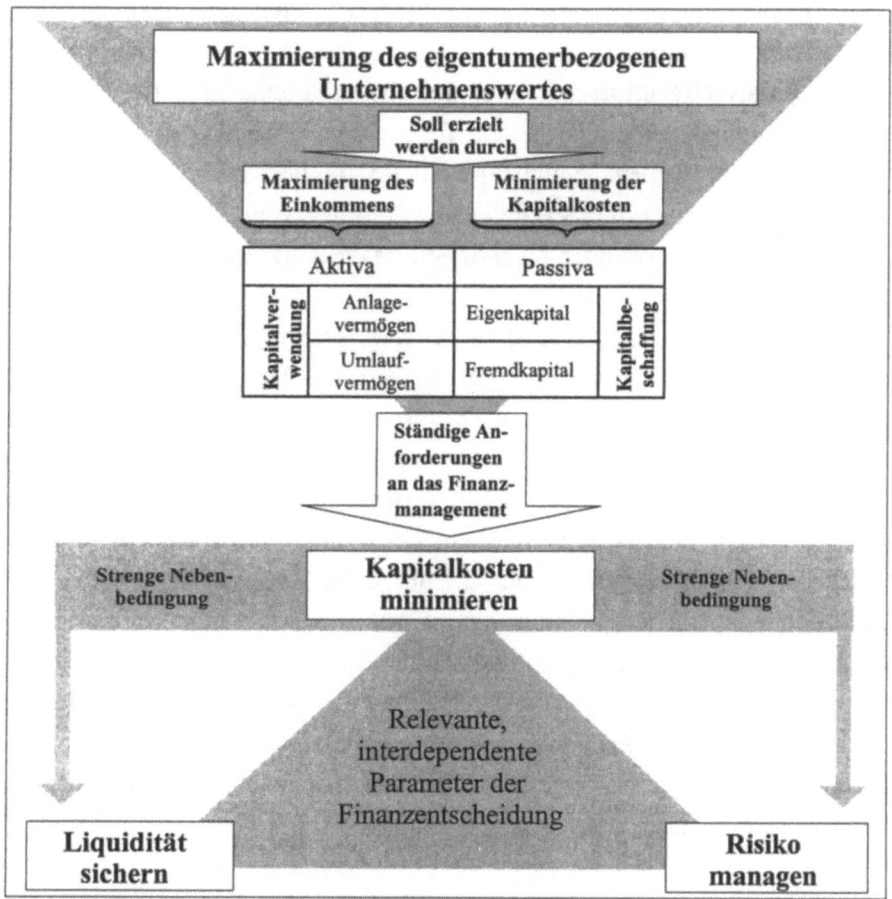

Abbildung 3.1: Das finanzwirtschaftliche Zielsystem

Das Management dieser Steuerungsgrößen stellt eine große Herausforderung dar, weil hierbei eine umfassende Zahl von Restriktionen und Wechselwirkungen zwischen den einzelnen Entscheidungskriterien berücksichtigt werden muss. Ausgangspunkt der Überlegungen ist die Bilanz, mit deren Hilfe sich die ständigen Anforderungen an das Finanzmanagement beschreiben lassen:

- Die **Aktivseite** der Bilanz gibt darüber Auskunft, wie das Unternehmen das ihm überlassene Kapital einsetzt. Damit ist die an die Kapitalverwendung gerichtete Anforderung zur Erreichung des gesteckten Primärziels formuliert. Je mehr Einkommen pro eingesetzter Kapitaleinheit generiert werden kann, je höher die Rendite ist, desto größer ist der Beitrag der Kapitalverwendung zur Maximierung des eigentümerbezogenen Unternehmenswertes.
- Die **Passivseite** informiert über die Kapitalbeschaffung. Kapital kann dem Unternehmen in Form von Eigen- oder Fremdkapital zur Verfügung gestellt werden. Je günstiger das Kapital beschafft werden kann, je niedriger demnach die Kapitalkosten sind, desto größer ist der Beitrag der Kapitalbeschaffung zur Maximierung des Unternehmenswertes.

An dieser Stelle soll zunächst die inhaltliche Trennung zwischen Investitions- und Finanzierungstheorie vollzogen werden. Die **Investitionstheorie** beschäftigt sich mit der Beurteilung von Investionen oder genauer Investitionsobjekten, also der Frage nach der für das Unternehmen vorteilhaften Kapitalverwendung. Nach der häufig verwendeten Kapitalwertmethode ist eine Investition dann vorteilhaft, wenn sie einen positiven Kapitalwert aufweist. Um dies zu prüfen, werden die durch diese Investition zu erwartenden Periodenüberschüsse (Einzahlungen minus Auszahlungen in der jeweiligen Periode) mit dem Kapitalkostensatz (durchschnittlicher Kostensatz des verwendeten Eigen- und Fremdkapitals) abgezinst. Die Optimierung der von den Investitionen oder aus der Kapitalverwendung resultierenden Periodenüberschüsse ist Gegenstand der Investitionstheorie und wird folglich hier nicht weiter vertieft.

Aus Sicht der **Finanztheorie** ist es sicherlich ein unbestrittenes Faktum, dass bei einem gegebenen Investitionsvolumen das definierte Primärziel, die Maximierung des Unternehmenswerts, besser erreicht werden kann, wenn die **Kapitalkosten minimiert** werden. Deshalb muss ein zielorientiert arbeitendes Finanzmanagement umfassende Kenntnisse über Art, Ermittlung und Umgang von Kapitalkosten besitzen. Neben der Fokussierung auf das Kapitalkostenmanagement müssen zwei strenge Nebenbedingungen, die Liquidität und das Risiko, Beachtung finden.

Liquidität ist, wie bereits erwähnt, eine unabdingbare Voraussetzung für den Fortbestand einer jeden Unternehmung. Im Gegensatz zum Kapitalkostenmanagement, das ein Optimierungsproblem zum Ziel hat, stellt die Aufrechterhaltung ausreichender Liquidität ein Deckungsproblem dar. Entsprechend ist mithilfe einer soliden Finanzplanung dafür Sorge zu tragen, dass die permanente Zahlungsfähigkeit garantiert werden kann.

Finanzwirtschaftliche Maßnahmen haben Zukunftscharakter und werden immer unter der Prämisse der Unsicherheit getroffen. Demnach spielt die **Risiko**betrachtung neben dem Kapitalkostenmanagement und der Liquiditätsproblematik eine entscheidende Rolle. Wie schon im Shareholder-Value-Ansatz und in der Agency-Problematik angesprochen, muss das Risiko als komplementäres Entscheidungskriterium zur Unternehmenswertmaximierung gesehen werden. Es ist also notwendig, sich mit der Identifizierung von finanzwirtschaftlichen Risiken sowie einem bewussten Umgang mit ihnen (Risikomanagement) intensiv auseinanderzusetzen.

Häufig stellt die **Unabhängigkeit** des Unternehmens ein weiteres Ziel dar. Der Grund hierfür ist, dass das Finanzmanagement die ihm gesteckten Anforderungen tendenziell besser erfüllen kann, wenn es über ein großes Maß an Dispositionsfreiheit und Flexibilität verfügt. Wird neues Kapital aufgenommen, werden damit auch neue Mitspracherechte geschaffen. In der Regel führt die verstärkte Eigenkapitalzuführung zu größeren Mitspracherechten, als im Falle der Fremdfinanzierung. Fremdkapitalaufnahme erfordert vielfach Sicherheiten in Form von Hypotheken, Sicherungsübereignungen oder Verpfändungen. Diese begrenzen sowohl die unternehmerische Verfügungsgewalt als auch die Möglichkeiten zur weiteren Kreditaufnahme. Es liegt auf der Hand, dass die Unabhängigkeit ebenfalls eine zu beachtende Nebenbedingung ist. Die Behandlung dieser Fragestellung geht weit über rein finanzwirtschaftliche Inhalte hinaus und wird deshalb nicht weiter vertieft.

3.1 Kapitalkostenmanagement

Im vorausgegangenen Kapitel wurde deutlich, dass dem Kapitalkostenmanagement im Rahmen der Unternehmensfinanzierung eine übergeordnete Rolle beigemessen werden muss. Kapitalkosten entstehen dem Unternehmen durch die Aufnahme von Eigen- bzw. Fremdkapital. Aus Sicht des Eigen- bzw. Fremdkapitalgebers gilt es, seine Rendite für das bereitgestellte Kapital zu maximieren. Demgegenüber steht das Finanzmanagement des Unternehmens, für das jede Geldeinheit mehr zu zahlende Zinsen oder Dividenden eine Erhöhung der Kapitalkosten darstellt. Vor diesem Hintergrund versucht das Unternehmen, die **Gesamtkapitalkosten zu minimieren**.

Da eine Vielzahl von Einflussfaktoren die Gesamtkapitalkosten beeinflussen, ist es sinnvoll, diese in ihre zwei originären Bestandteile, Eigen- und Fremdkapitalkosten, zu unterteilen. Anschließend kann individuell untersucht werden, wie sie entstehen, berechnet werden und welche Steuerungsmöglichkeiten das Finanzmanagement hat. Nach dieser Partialanalyse werden die Erkenntnisse wieder zusammengeführt.

3.1.1 Ermittlung der Fremdkapitalkosten

Fremdkapitalgeber erhalten in der Regel vertraglich fixierte Zinszahlungen auf die Darlehenssumme sowie Tilgungszahlungen. Dokumentiert wird die Ausgestaltung von Fremdfinanzierungen in Kreditverträgen, die zugleich bei Nichteinhaltung der niedergelegten Absprachen als Beweismittel im Rechtsstreit dienen. Wesentliche Regelungen in diesen Verträgen sind die Laufzeit, die Zurückführung der aufgenommenen Kreditmittel (Tilgung) sowie die Darstellung der Kreditkosten.

Diese Fremdkapitalkosten können von unterschiedlichen – je nach Vereinbarung festgelegten – Komponenten beeinflusst werden. Diese Kapitalkostenkomponenten sind in Tabelle 3.1 zusammengestellt.

Tabelle 3.1: Bestandteile der Fremdkapitalkostenkomponenten

Kapitalkostenkomponente	Beschreibung
Nominalzins	Der Zinssatz bestimmt die Höhe des laufenden Entgelts für die Inanspruchnahme des Kredites (Normalfall einer Finanzierung mit laufender Zinszahlung)
Disagio/Damnum	Das Disagio oder Damnum bestimmt den Auszahlungskurs für den Kredit und somit die Höhe des einmaligen Entgelts für die Geldbeschaffung. Gründe hierfür können u.a. sein: • Laufzeitunabhängige Bearbeitungsgebühr • Ausgleich für einen Zinsvorteil
Bearbeitungsgebühr	Bearbeitungsgebühren werden von Fremdkapitalgebern, i.d.R. Banken, für den mit der Ausarbeitung der Kreditverträge bzw. hieraus resultierender Folgeaktivitäten entstehenden Aufwand erhoben.

Aufgrund der unterschiedlichen Ausgestaltungsmöglichkeiten von Kreditverträgen ist es zum Teil schwierig, Alternativen auf Vorteilhaftigkeit hin zu prüfen. Um dennoch eine Vergleichbarkeit herbeizuführen, wird das Instrument des **Effektivzinssatzes** verwendet. Der Effektivzins berücksichtigt alle durch die verschiedenen Ausgestaltungsmöglichkeiten unterschiedlichen Ein- und Auszahlungen und wird als p.a.-(per annum) Zinssatz ausgedrückt. Der Effektivzins repräsentiert zugleich die Fremdkapitalkosten einer jeden Kreditaufnahme und liefert somit den fremdkapitalseitigen Parameter zur Bestimmung der Gesamtkapitalkosten.

Methodisch wird zur Errechnung des Effektivzinssatzes die aus der Investitionstheorie bekannte Formel zur Ermittlung des internen Zinsfußes benutzt. Dies ist möglich, da eine Finanzierung als umgekehrte Normalinvestition verstanden werden kann. Sie kann deshalb als Finanzierungszahlungsreihe dargestellt werden. Es gilt:

$$C_0 = -A_0 + \sum_{t=1}^{n} \frac{EZÜ_t}{(1+r)^t} = 0.$$

C_0 repräsentiert hierbei den Kapitalwert, der zur Berechnung des internen Zinsfußes gleich Null gesetzt wird. A_0 beschreibt die Anschaffungsauszahlung, die zum Startzeitpunkt einer Normalinvestition zu leisten ist. $EZÜ_t$ steht für die Einzahlungsüberschüsse, die in der jeweiligen Periode t durch die Investition generiert werden können. Die zu ermittelnde Variable r gibt den internen Zinsfuß oder die Effektivverzinsung der Investition an.

Um für die Berechnung der Effektivverzinsung einsetzbar zu werden, muss die ursprüngliche Formel adjustiert werden. Es gilt nun:

$$C_0 = \sum_{t=0}^{n} \frac{EZÜ_t}{(1+r)^t} - \sum_{t=0}^{n} \frac{AZÜ_t}{(1+r)^t} = 0.$$

Zwei Veränderungen ergeben sich gegenüber der ursprünglichen Formel:

- Die Ein- und Auszahlungen wurden in der Abfolge vertauscht, weil aus Sicht des Kapitalnehmers bei Fremdkapitalaufnahme zunächst eine Einzahlung erfolgt. Erst in den Folgeperioden kommt es aufgrund der Tilgung des Kapitalbetrages und der Zinszahlungen zu Auszahlungen.
- Die Komponente der Auszahlungsüberschüsse wurde um den Diskontierungsfaktor ergänzt. Die Begründung hierfür ist, dass es je nach Kreditvertrag zu jedem beliebigen Zahlungszeitpunkt auf der Finanzierungszahlungsreihe zu Ein- und Auszahlungen kommen kann.

Die Berechnung der Effektivverzinsung wird in Beispiel 3.1 erläutert.

Beispiel 3.1: Ermittlung der Fremdkapitalkosten

Die Start-up AG benötigt zur Finanzierung konkreter Investitionsvorhaben Finanzmittel und hat sich nach längerer Beratung für die Aufnahme eines Darlehens bei der Deutschen Geschäftsbank entschieden. Bevor die Geschäftsleitung den Kreditvertrag unterzeichnet, bittet sie das Finanzcontrolling, die angebotenen Konditionen noch einmal zu verifizieren und insbesondere die nicht ausgewiesene Effektivverzinsung rechnerisch zu ermitteln. Die Vertragsbedingungen sind in Tabelle 3.2 zusammengefasst.

Tabelle 3.2: Vertragsbedingungen für eine Fremdfinanzierung

Kreditvertrag Deutsche Geschäftsbank AG	
Kreditnehmer	Start-up AG
Kapitalbetrag in €	100.000
Tilgungsweise	2 gleiche Raten
Nominalzins in % p.a.	6,0
Laufzeit in Jahren	2
Auszahlungskurs (Disagio) in %	95 %
Bearbeitungsgebühr, einmalig fällig zum Auszahlungszeitpunkt in Euro	250

In einem ersten Schritt entwickelt das Finanzcontrolling, basierend auf den Daten des Kreditvertrages, eine Fremdfinanzierungszahlungsreihe wie in Tabelle 3.3, dargestellt.

Tabelle 3.3: Fremdfinanzierungszahlungsreihe

Periode Zeitpunkt	t_0 heute	t_1 in 1 Jahr	t_2 in 2 Jahren
Kapitalbetrag	100.000		
abzügl. Disagio	-5.000		
Summe der Einzahlungen	95.000	0	0
Zinsen		-6.000	-3.000
Tilgung		-50.000	-50.000
Bearbeitungsgebühr	-250		
Summe der Auszahlungen	-250	-56.000	-53.000
Ein- bzw. Auszahlungsüberschuss	94.750	-56.000	-53.000

Die Fremdfinanzierungszahlungsreihe erlaubt im nächsten Schritt die Verwendung der modifizierten internen Zinsfußmethode. Es ergibt sich:

$$C_0 = \frac{94.750}{(1+r)^0} - \frac{56.000}{(1+r)^1} - \frac{53.000}{(1+r)^2} = 0.$$

Durch Umformungen und Anwendung der p-q-Formel (oder der a-b-c-Formel) und dem Ersetzen von (1+r) durch a ergibt sich zunächst:

$$C_0 = \frac{94.750}{a^0} - \frac{56.000}{a^1} - \frac{53.000}{a^2} = 0.$$

Danach wird mit a^2 multipliziert, sodass

$$C_0 = 94.750 * a^2 - 56.000 * a - 53.000 = 0$$

ergibt. Anschließend wird a^2 in Vorbereitung auf das Einsetzen in die p-q Formel von Faktoren freigestellt, so dass gilt:

$$C_0 = a^2 - 0{,}59103 * a - 0{,}55937 = 0.$$

Nach dieser Umstellung kann die quadratische Gleichung mit Hilfe der p-q-Formel gelöst werden. Man erhält

$$a_{1/2} = -\frac{p}{2} +/- \sqrt{\frac{p^2}{4} - q}.$$

Werden die gegebenen Werte eingesetzt, ergibt sich für a_1 = 1,09994, und für a = -0,050892, wobei der negative bei a_2 errechnete Wert ökonomisch nicht sinnvoll interpretierbar ist und nicht weiter betrachtet wird. Relevant als Ergebniswert ist daher nur a_1 = 1,09994. Hierbei muss eine Rücksetzung über r = a-1 erfolgen, was zu einem Effektivzins von r = 0,09994 oder ungefähr 10 % führt.

> In diesem Zusammenhang ist allerdings darauf hinzuweisen, dass die Lösungsmethode über die p-q-Formel nur für maximal zweiperiodische Finanzierungen verwendet werden kann. Im Falle längerer Laufzeiten wird häufig mit Approximationen, d.h. Probierzinssätzen gearbeitet. EDV-unterstützte Programme können auch für mehrperiodische Finanzierungen problemlos den Effektivzinssatz bestimmen.

Zusammenfassend ist festzustellen, dass sich die Fremdkapitalkosten durch die Errechnung und Verwendung des Effektivzinses relativ einfach ermitteln lassen. Der Effektivzinssatz wird für jede Fremdfinanzierung individuell berechnet und findet Eingang in die Kalkulation der Gesamtkapitalkosten.

3.1.2 Ermittlung der Eigenkapitalkosten

Der Wettbewerb um die knappe Ressource Kapital ist ein elementarer Bestandteil des marktwirtschaftlichen Systems. Hierdurch wird die volkswirtschaftliche Zielsetzung einer optimalen Kapitalallokation mit dem Gewinnstreben jedes individuellen Unternehmens in Einklang gebracht. Wie im Shareholder-Value-Modell erklärt, wird jeder Investor sein Kapital dort platzieren, wo er bei einem gegebenen Risiko die höchste Verzinsung erwartet. Aus der Perspektive des Unternehmens bedeutet das, dass es nur dann erfolgreich Kapital beschaffen kann, wenn es über eine Strategie verfügt, die es langfristig befähigt, hohe Umsätze zu erzielen und somit eine risikoadäquate Kapitalrendite für die Investoren bereitzustellen.

Ähnlich wie beim Fremdkapital muss ein Ansatz gefunden werden, der erlaubt, die Eigenkapitalkosten zu berechnen. Da im Gegensatz zur Fremdfinanzierung aber kein obligatorischer Auszahlungsstrom (Zinsen und Tilgung) bekannt ist, kann die Formel zur Berechnung der Effektivverzinsung nicht angewandt werden. Es ist folglich eine Methodik zu entwickeln, mit der die Erwartungshaltung des Investors abgebildet werden kann. Bekanntlich steht die Renditeerwartung des Kapitalgebers im Zusammenhang mit seiner Risikoeinschätzung in Bezug auf die fragliche Kapitalanlage. Für ihr Kapital erwarten die Investoren immer dann eine höhere Rendite, wenn das

Risiko der Kapitalanlage steigt. Ist ein Unternehmen Empfänger dieser Kapitalanlage, muss es dem Verzinsungsanspruch des Investors gerecht werden. Dieser Verzinsungsanspruch repräsentiert für das Unternehmen Eigenkapitalkosten.

Dieser Zusammenhang wird im **Capital Asset Pricing Model (CAPM)** berücksichtigt, das zur Bestimmung der Eigenkapitalkosten bei börsennotierten Unternehmen genutzt wird. Es eignet sich, um den kapitalmarkttheoretischen Zusammenhang zwischen Renditeanspruch der Kapitalgeber und Risiko abzuleiten. Grundannahme des CAPM ist, dass für jede risikobehaftete Investition (Kapitalanlage) eine Risikoprämie gefordert werden kann. Das CAPM unterstellt eine sichere (riskolose) Anlage, die dem Investor eine bestimmte Marktrendite (R_f) zusichert. Bei der riskofreien Anlage könnte es sich z.B. um Festgeld handeln.

Das CAPM geht davon aus, dass ein enger Zusammenhang zwischen der vom Shareholder geforderte Eigenkapitalrendite (r_{EK}) und dem Risiko (β_i) besteht. Dieser Zusammenhang kann durch den Korrelationskoeffizienten ausdrücken werden. Abbildung 3.2 verdeutlicht den Zusammenhang.

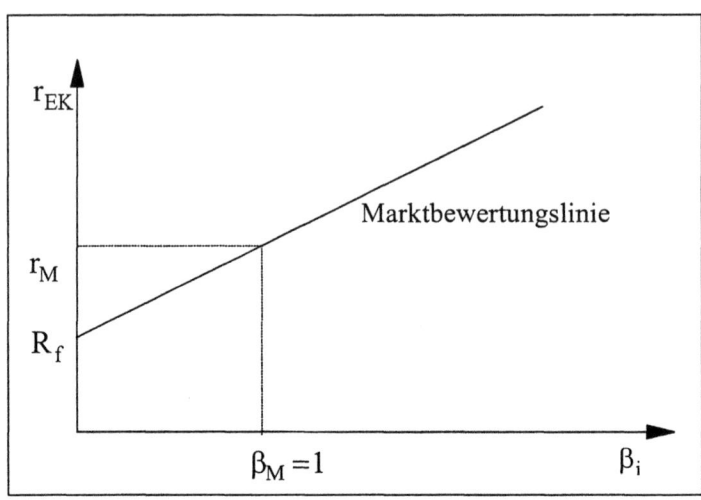

Abbildung 3.2: CAPM mit Marktbewertungslinie

Ist ein Investor bereit, ein höheres Risiko einzugehen, bewegt er sich entlang der Marktbewertungslinie und fordert einen entsprechend höheren Ertrag, d.h. eine höhere Risikoprämie. Messparameter für das Risiko ist der **β-Faktor**, mit welchem **das systematische Risiko** quantifiziert wird. Unter dem systematischen Risiko versteht man das marktbezogene Risiko. In ihm kommen die marktspezifischen Risiken (Vollkommenheitsgrad des Marktes, Marktoffenheit, Organisationsgrad) zum Ausdruck. Ihm gegenüber steht das **unsystematische Risiko**, das unternehmensspezifische Risiko. Dadurch, dass die Kursentwicklung der Wertpapiere untereinander korrelieren – ähnliche Einflüsse wirken auf den Unternehmenserfolg ähnlich – kann durch die bewusste Mischung von Wertpapieren das unsystematische Risiko eliminiert werden. Der Investor wird deshalb nur für das systematische Risiko eine Risikoprämie fordern können.

Der β-Faktor spiegelt die Abhängigkeit des Marktwertes (Aktienkurses) des Unternehmens von den Schwankungen des Marktniveaus (Aktienindex) wider. Er misst demnach die Reagibilität eines speziellen Wertpapiers in Abhängigkeit von der allgemeinen Kapitalmarktentwicklung. Je nach der Höhe des β-Faktors kann eine gesamtmarktbezogene Risikoaussage für das einzelne Wertpapier getroffen werden. Anhand des β-Faktors können alle Wertpapiere drei Klassen zugeordnet werden (vgl. Tabelle 3.4).

Tabelle 3.4: Aussagewerte des β-Faktor

Beispiel für β-Faktor	β-Faktor Bereich	Interpretation
$\beta_i = 1$	$\beta_i = 1$	Schwankt der Marktwert um 1 %, so verändert sich der Marktwert des zu betrachtenden Unternehmens ebenfalls um 1 %. Der Unternehmenswert entwickelt sich analog zum Marktwert.
$\beta_i = 0{,}7$	$0 < \beta_i < 1$	Schwankt der Marktwert um 1 %, so verändert sich der Unternehmenswert nur um 0,7 %. Der Unternehmenswert schwankt unterdurchschnittlich. Die Gewinnchancen, aber auch die Risiken sind unterdurchschnittliche
$\beta_i = 1{,}4$	$1 < \beta_i$	Schwankt der Marktwert um 1 %, dann verändert sich der Unternehmenswert um 1,4 %. Er schwankt stärker als der Markt. Es ergeben sich somit überdurchschnittliche Chancen und Risiken.

Die Eigenkapitalrendite eines spezifischen Unternehmens (bzw. die Renditeforderung der Eigenkapitalgeber an dieses Unternehmen) lässt sich nun anhand der Faktoren Marktrendite (R_M), Rendite der risikolosen (R_f) Anlage und dem β-Faktor des Unternehmens (β_i) bestimmen. Es gilt:

$$r_{EK} = R_f + (R_M - R_f) * \beta_i$$

Beispiel 3.2 verdeutlicht diesen Zusammenhang und zeigt auf, woran ein Investor seine Renditeforderungen festmachen wird.

Beispiel 3.2: Ermittlung der Eigenkapitalkosten

Angenommen, ein Investor muss sich zwischen drei potenziellen Kapitalanlagen entscheiden. Alle drei Unternehmen sind Banken, die erwartete Rendite des Gesamtmarkts ist 14 %. Eine Anlage in Festgeld erbringt eine Verzinsung von 4,5 %. Die β-Faktoren der drei Instituten sind wie folgt:

- A-Bank: $\beta_A=1,5$
- B-Bank: $\beta_B=1,0$
- C-Bank: $\beta_C=0,8$.

Tabelle 3.5 stellt die daraus resultierenden Renditeansprüche und somit die Eigenkapitalkostensätze dar.

Tabelle 3.5: Renditeforderungen gemäß CAPM

Parameter	A-Bank	B-Bank	C-Bank
R_f	4,5 %	4,5 %	4,5 %
R_M	14,0 %	14,0 %	14,0 %
$(R_M - R_f)$	9,5 %	9,5 %	9,5 %
β_i	1,5	1,0	0,8
r_{EK}	18,75 %	14,0 %	12,1 %

Das Beispiel unterstreicht, dass ein Investor, der durch sein Engagement ein höheres Risiko (A-Bank) als das des Marktes einzugehen bereit ist, eine höhere Renditeforderung stellt. Das Unternehmen muss deshalb in der Lage sein, dem höheren

Renditeanspruch gerecht zu werden, da es ansonsten kein Eigenkapital erhält. Es kann aber auch versuchen, sein unternehmensspezifisches Risiko zu senken (z.B. durch Diversifikation) und damit die Renditeansprüche der Eigenkapitalgeber reduzieren.

Mit Hilfe des CAPM konnte gezeigt werden, dass die Eigenkapitalkosten bestimmbar sind und wie sie sich zusammensetzen. Allerdings muss auch erwähnt werden, dass in der Praxis die Ermittlung der Eigenkapitalkosten mit einigen Schwierigkeiten verbunden ist.

- **Der β-Faktor ist nur schwer bestimmbar.** Zur Berechnung der erwarteten Eigenkapitalrendite sollte der erwartete β-Faktor herangezogen werden. Dies setzt eine Prognose des zukünftigen Zusammenhangs zwischen Marktentwicklung und Entwicklung des speziellen Unternehmens voraus. In der Praxis wird dieses Problem umgangen, indem der β-Faktor anhand von Vergangenheitswerten bestimmt wird. Da aber der Zusammenhang zwischen Unternehmensentwicklung und Gesamtmarktentwicklung nicht stabil ist, verändert sich auch der β-Faktor. Insofern lässt sich die Annahme eines über den relevanten Zeitraum stabilen β-Faktors nur schwer belegen.
- **Die Datenbeschaffung bereitet Probleme.** Zwar liegen die notwendigen Daten für börsennotierte Unternehmen vor bei nicht börsennotierten Unternehmen kann der β-Faktor nicht direkt ermittelt werden. Deshalb müssen Hilfslösungen erarbeitet werden. So konnte vom β-Faktor ähnlicher börsennotierter Unternehmen auf den Wert des speziellen Unternehmens geschlossen werden. Da aber kaum identische Unternehmen zu finden sind, bleibt das Ergebnis fraglich. In jedem Fall sind mit der Datenerhebung hohe Kosten verbunden.
- **Die Erwartungen der Eigenkapitalgeber unterscheiden sich.** Zum einen verfügt nicht jeder Investor über die gleichen Informationen, zum anderen werden sachlich gleiche Informationen unterschiedlich interpretiert. Die Prämisse identischer Erwartungen aller Investoren bei gleichem β-Faktor, wie sie im CAPM unterstellt wird, ist daher fraglich.

Trotz dieser und weiterer, eher theoretischer Kritikpunkte, kann das CAPM als logisch fundiertes und in sich geschlossenes Modell eingestuft werden. Kein anderes in der Praxis getestetes und empirisch bestätigtes Modell wurde bisher als zielführender beurteilt. Aus diesem Grund wird es nach wie vor im Rahmen der finanzwirtschaftlichen Unternehmenssteuerung und insbesondere zur Bestimmung der Eigenkapitalkosten vom Finanzmanagement eingesetzt.

3.1.3 Ermittlung der Gesamtkapitalkosten

Nachdem die Bestimmung der Fremd- und Eigenkapitalkosten methodisch aufgezeigt wurde, konzentriert sich dieser Abschnitt auf die Berechnung der Gesamtkapitalkosten. Die **Gesamtkapitalkosten** (r_{GK}) ergeben sich als Durchschnitt der Kosten der Eigen- und Fremdfinanzierung. Es gilt:

$$r_d = r_{GK} = r_{EK} * \frac{EK^M}{EK^M + FK^M} + i * \frac{FK^M}{EK^M + FK^M}.$$

Dabei steht r_d für die durchschnittlichen Kapitalkosten, r_{EK} für den Eigenkapitalkostensatz und i für den Fremdkapitalkostensatz. EK^M steht für den Betrag an Eigenkapital und FK^M für den Betrag an Fremdkapital.

Beispiel 3.3: Ermittlung der durchschnittlichen Kapitalkosten

> Ein Unternehmen hat zur Bestimmung der durchschnittlichen Kapitalkosten (= Gesamtkapitalkosten) die Passivseite der Bilanz analysiert und für die einzelnen Positionen Kostensätze festgelegt. Das Ergebnis dieser Analyse ist in Tabelle 3.6 dargestellt.
>
> Der durchschnittliche Kapitalkostensatz errechnet sich wie folgt:
>
> $$r_d = 12\% * \frac{570}{1.540} + 4\% * \frac{320}{1.540} + 6\% * \frac{240}{1.540} + 9\% * \frac{410}{1.540}$$

$r_d = 8{,}6\%$.

Der durchschnittliche Kapitalkostensatz beträgt 8,6 %.

Tabelle 3.6: EK- und FK-Positionen mit Kostensätzen

Typ	Betrag (Mio. €)	Gültiger Kostensatz	Berechnungsmethode
Eigenkapital	570	12,0 %	CAPM
Pensionsrückstellungen	320	4,0 %	Interne Statistik
Langfristige Verbindlichkeiten	240	6,0 %	Fremdkapitalkosten (Effektivzins)
Kurzfristige Verbindlichkeiten	410	9,0 %	Fremdkapitalkosten (Effektivzins)
Summe	1.540		

Die durchschnittlichen Kapitalkosten spielen eine wesentliche Rolle für die Erreichung des eingangs definierten Primärziels, der Maximierung des Unternehmenswertes. Der Grund hierfür ist, dass jede im Unternehmen getätigte Investition finanziert werden muss. Liegen die Finanzierungskosten unter der Rendite, die von der Investition zu erwarten ist, erhöht diese Investition den Unternehmenswert. Von daher fungieren die durchschnittlichen Kapitalkosten als Diskontierungsfaktor zur Bestimmung der Vorteilhaftigkeit von Investitionsvorhaben mit Hilfe der Kapitalwertmethode.

Investitionsvorhaben, die zu einem negativen Kapitalwert führen, werden aus dem Portfolio der Investitionsvorhaben eliminiert, wenn nicht andere unternehmenspolitische Gründe ihre Durchführung zwingend erforderlich machen. Die Investitionsvorhaben, die einen positiven Kapitalwert aufweisen, werden nach abfallendem Kapitalwert geordnet. Diese Priorisierung stellt sicher, dass bei einem das Finanzbudget übersteigenden Portfolio an Investitionsvorhaben zuerst diejenigen realisiert werden, die am stärksten zur Unternehmenswerterhöhung beitragen. In diesem Kontext ist jedoch zu bemerken, dass die durchschnittlichen Kapitalkosten nicht langfristig als statisch angenommen werden können, da sich sowohl die Kapitalstruktur als auch die individuellen Fremd- und Eigenkapitalkostensätze ändern können. In diesen Fällen werden eine Neuberechnung der durchschnittlichen Kapitalkosten und folglich eine Neubewertung der Vorteilhaftigkeit der Investitionen erforderlich.

Neben der Funktion bei der Beurteilung von Investitionsobjekten als Diskontierungsfaktor verkörpern die durchschnittlichen Kapitalkosten eine eigenständige Herausforderung an das Finanzmanagement. Jegliche Reduzierung sowohl auf der Eigen- als auch Fremdkapitalkostenseite führt zu einem niedrigeren Gesamtkapitalkostensatz. Ein geringerer Gesamtkapitalkostensatz aber erhöht die Anzahl an Investitionsvorhaben mit positivem Kapitalwert, da auch diejenigen nunmehr als vorteilhaft bewertet werden, die eine geringere Investitionsrendite aufweisen. Aus diesem Grund ist die Minimierung der Gesamtkapitalkosten ein elementarer Beitrag zur Realisierung des Primärziels der Unternehmenswertmaximierung.

3.2 Liquidität

Neben der Minimierung der Kapitalkosten ist auch die permanente Aufrechterhaltung der Zahlungsfähigkeit eine Forderung, der unbedingt nachgekommen werden muss. Liquide zu sein bedeutet für ein Unternehmen, dass es seine Zahlungsverpflichtungen zu jedem Zeitpunkt erfüllen kann. Dies heißt im Umkehrschluss aber nicht, dass Unternehmen permanent über einen hohen Bestand an Zahlungsmitteln verfügen müssen.

- Eine zu große Vorhaltung von Zahlungsmitteln in Relation zu den zeitpunktbezogenen Auszahlungserfordernissen erhöht unnötigerweise die Kapitalkosten und ist damit unwirtschaftlich.
- Eine zu geringe Vorhaltung von Zahlungsmitteln hingegen führt zur Illiquidität, die rechtsformunabhängig einen Insolvenzgrund darstellt. Siehe hierzu § 92 (2) AktG oder § 64 (1) GmbHG.

Zielsetzung der Liquiditätssteuerung ist es, den Zahlungsbedarf genau zu decken; es handelt sich um ein Deckungsproblem und nicht, wie im Falle des Kapitalkostenmanagements, um ein Optimierungsproblem. Mit diesem Unterschied ist zu erklären, warum die Liquidität eine strenge Nebenbedingung der Kapitalkostenminimierung darstellt. Das Vorhandensein genau ausreichender Liquidität ist eine Bedingung für ein erfolgreiches Kapitalkostenmanagement. Minimale Kapitalkosten sind hingegen in keiner Weise Voraussetzung für eine gesicherte Zahlungsfähigkeit. Stärker formuliert, kann Illiquidität rentable Unternehmen zeitnah zerstören, während unwirtschaftliches Kapitalkostenmanagement Unternehmen mit ausreichend vorhandener Liquidität, zumindest vorübergehend, weiterbestehen lässt.

Die Liquidität lässt sich in die Typen der **statischen** und **dynamischen** Liquidität unterteilen. Beide Untergruppen weisen jeweils wieder **absolute** und **relative** Messgrößen auf.

3.2.1 Statische Liquidität

Zur Messung der statischen Liquidität werden bestimmte Positionen der Aktivseite und der Passivseite einer Unternehmensbilanz zu einem bestimmten Zeitpunkt gegenübergestellt. Die Messkennzahlen der statischen Liquidität werden in absolute und relative Kennzahlen unterschieden. Zur Bestimmung der **absoluten Liquidität** werden Positionen durch Addition und/oder Subtraktion zu Kennzahlen formiert. Eine der bekanntesten absoluten Liquiditätsmessgrößen ist das, besonders im anglo-amerikanischen Raum stark verbreitete, **Working-Capital**. Es wird ermittelt als:

      kurzfristiges Umlaufvermögen (maximal ein Jahr)
- kurzfristige Verbindlichkeiten
= Working-Capital.

Das Working-Capital gibt den Überschuss des kurzfristig gebundenen Umlaufvermögens über die kurzfristigen Verbindlichkeiten an und trifft somit eine Aussage über unternehmensinterne Finanzierungspotenziale, aber auch Liquiditätsrisiken. Es kann als Fonds langfristig finanzierter Vermögensgegenstände aufgefasst werden, die maximal innerhalb eines Jahres in liquide Mittel verwandelt werden können. Ein negatives Working-Capital weist darauf hin, dass langfristige Vermögensgegenstände kurzfristig finanziert sind.

Bei der **relativen Liquidität**, den so genannten Verhältniszahlen, werden zwei absolute Zahlen miteinander in Beziehung gesetzt und hieraus im Regelfall Prozentzahlen ermittelt. In Bezug auf die relative Liquiditätsanalyse werden Zahlungsverpflichtungen flüssigen Mitteln gegenübergestellt. Es werden Liquiditätsgrade berechnet.

$$\text{Liquidität 1. Grades} = \frac{\text{Zahlungsmittel}}{\text{kurzfristige Verbindlichkeiten}} * 100.$$

Die Liquidität 1. Grades wird auch als Barliquidität oder absolute Liquidity Ratio bezeichnet. Unter den **Zahlungsmitteln** werden Barmittel, Bankguthaben und Schecks sowie jederzeit veräußerbare Wertpapiere des Umlaufvermögens verstanden. Die **kurzfristigen Verbindlichkeiten** setzen sich aus all jenen Positionen zusammen, die möglicherweise schnell zum Abfluss von Zahlungsmitteln aus dem Unternehmen führen.

$$\text{Liquidität 2. Grades} = \frac{\text{monetäres Umlaufvermögen}}{\text{kurzfristige Verbindlichkeiten}} * 100.$$

In der Literatur findet man für die Liquidität 2. Grades auch die Namen Net-Quick-Ratio oder Acid-Test. Monetäres Umlaufvermögen repräsentiert umwandelbare, geldwerte Vermögensgegenstände und ergibt sich als Umlaufvermögen minus Vorräte und sonstige Vermögensgegenstände.

$$\text{Liquidität 3. Grades} = \frac{\text{kurzfristiges Umlaufvermögen}}{\text{kurzfristige Verbindlichkeiten}} * 100.$$

Liquidität 3. Grades wird auch als Current-Ratio bezeichnet. Das **kurzfristige Umlaufvermögen** errechnet sich, indem das Umlaufvermögen um die Vorräte, die durch Kundenzahlungen abgedeckt sind und die Positionen, die nicht innerhalb eines Jahres liquidiert werden können, verringert wird. Die im anglo-amerikanischen Bereich verbreitete **Bankers-Rule** fordert ein Verhältnis zwischen Umlaufvermögen und kurzfristigem Fremdkapital von 2:1.

Die Liquiditätssteuerung auf Basis der Liquiditätsgrade ist in der Praxis weit verbreitet, weil ihre Berechnung nachvollziehbar und einfach ist. Trotzdem bedarf es einer kritischen Würdigung dieser relativen Liquiditätskennzahlen.

- Die Kennzahlen beziehen sich auf die Situation am Bilanzstichtag. Bis zum Zeitpunkt der Analyse können sich die Ausgangslage und mithin die Zahlungswerte für die Berechnungsgrundlage maßgeblich geändert haben.
- Es werden nur die bilanzierten Zahlungsverpflichtungen berücksichtigt. Andere laufende erforderliche Auszahlungen, wie Löhne, Gehälter und Mieten, fließen nicht in die Analyse ein.
- Die den Bilanzpositionen unterstellten Fristigkeiten sind sehr grob und zum Teil auch willkürlich. Kurzfristige Verbindlichkeiten mögen folglich Positionen beinhalten, die ein sehr nahes Fälligkeitsdatum aufweisen, und andere, deren Begleichung noch in weiterer Zukunft liegt.
- Der implizit unterstellte Kausalzusammenhang zwischen Liquidität am Bilanzstichtag und zukünftiger Liquidität kann, muss aber nicht existieren.

3.2.2 Dynamische Liquidität

Zielsetzung der dynamischen Liquidität ist es, ein Unternehmen unter Liquiditätsgesichtspunkten steuerbar zu machen. Die dynamische Liquidität versucht, einigen der für die statische Liquidität angeführten Kritikpunkten methodisch zu begegnen. Anstelle von Beständen oder Positionen zu Zeitpunkten werden die innerhalb eines Zeitraumes aufgetretenen Bewegungen (Flows/Movements) erfasst und untersucht. In Analogie zu der statischen Liquidität wird auch hier in absolute und relative Messgrößen unterschieden.

Der Cashflow ist die markanteste Messgrösse der **absoluten Liquidität**. Er ist eine finanzwirtschaftliche Stromgröße und dient der Ermittlung der Innenfinanzierungskraft einer Unternehmung für Investitionen, liefert Informationen zur Schuldentilgung und zur Sicherung der Zahlungsfähigkeit. Ausgangsüberlegung zur Cashflow-Ermittlung ist die Überführung einer erfolgsrechnungrelevanten Kennzahl, z.B. des Jahresüberschusses, in eine finanzwirtschaftliche Kennzahl. Um dies zu bewerkstelligen, müssen alle Aufwendungen, die nicht zu einer Auszahlung, und alle Erträge, die nicht zu Einzahlungen geführt haben, aus der Basiszahl (Jahresüberschuss, Betriebsergebnis) eliminiert werden. Der Cashflow kann direkt oder indirekt ermittelt werden.

Direkte Ermittlung:
    Jahresüberschuss
    + alle nicht auszahlungswirksamen Aufwendungen
    - alle nicht einzahlungswirksamen Erträge
    = Cashflow

Indirekte Ermittlung nach DVFA/SG:
    Jahresüberschuss/-fehlbetrag
    + Abschreibungen auf Gegenstände des Anlagevermögens
    - Zuschreibungen auf Gegenstände des Anlagevermögens
    ± Veränderungen der Rückstellungen für Pensionen bzw. anderer langfristiger Rückstellungen
    ± Veränderungen der Sonderposten mit Rücklagenanteil
    ± Andere nicht zahlungswirksame Aufwendungen und Erträge von wesentlicher Bedeutung
    = Jahres-Cashflow
    ± Bereinigung ungewöhnlicher zahlungswirksamer Aufwendungen/Erträge von wesentlicher Bedeutung
    = Cashflow nach DVFA/SG

Der Cashflow beschreibt den Zahlungsmittelüberschuss im Ablauf des jeweiligen Zeitraums. Es gilt daher, je höher der ermittelte Cashflow, umso positiver ist die Liquiditätslage zu beurteilen, denn ein umso höherer Betrag steht nach Abwicklung der Auszahlungen für den Aufwand zur Schuldentilgung, Investition und Dividendenzahlung zur Verfügung. Aber auch die Cashflow-Analyse ist nicht kritikfrei:

- Da über den Cashflow bereits während der Abrechnungsperiode verfügt werden konnte, sind nur noch Ex-post-Analysen über den Innenfinanzierungsspielraum möglich.
- Auch ist die Ableitung von Prognosen über die zukünftige Liquiditätslage auf Basis ermittelter historischer Cashflows nicht unbedenklich.
- Die Validität eines errechneten Cashflows ist nicht zuletzt von der korrekten Berücksichtigung und Eliminierung der nicht zahlungswirksamen Aufwendungen und Erträge abhängig.

Die **relative Liquidität** versucht den Kritikpunkten, die im Zusammenhang mit der statischen Liquidität und den dort unter der relativen Liquidität behandelten Liquiditätsgraden angeführt wurden, zumindest teilweise zu begegnen. Eine der bedeutungsvollsten und häufig eingesetzten Kennzahlen ist der dynamische Liquiditätsgrad. Er gibt Auskunft darüber, welcher Anteil des kurzfristigen Fremdkapitals durch den Cashflow abgedeckt wird.

$$\text{Dynamischer Liquiditätsgrad} = \frac{\text{Cashflow}}{\text{kurzfristige Verbindlichkeiten}} * 100.$$

Der Cashflow wird verstärkt als Indikator für die Verschuldungsfähigkeit eines Unternehmens verwendet, weil die Verbindlichkeiten letztlich nur aus selbst erwirtschafteten Mitteln getilgt werden können. Die Gefahr hierbei ist jedoch genau diese Annahme, dass der gesamte Cashflow ausschließlich zur Schuldentilgung verwendet wird. Diese Unterstellung ist realitätsfern. Die Empirie zeigt, dass die Summe aufgenommener Fremdmittel in den Betrieben mindestens gleich bleibt oder sogar häufig mit deren Expansion wächst. Weiterhin nutzen Unternehmen Teile des Cashflows, um Neu- und Ersatzinvestitionen zu finanzieren oder diese in Form von Dividenden auszuschütten.

Eine ebenfalls bedeutungsvolle und Cashflow orientierte Kennzahl ist die Innenfinanzierungskraft des Unternehmens. Hierbei wird der Cashflow zu den Nettoinvestitionen in Relation gesetzt.

$$\text{Innenfinanzierungskraft} = \frac{\text{Cashflow}}{\text{Nettoinvestitionen}} * 100.$$

Die Innenfinanzierungskraft gibt an, in welchem Maße die Investitionen aus eigener Ertragskraft finanziert werden können.

3.3 Management finanzwirtschaftlicher Risiken

Neben der Liquidität beeinflusst auch das aus Finanzierungsmaßnahmen resultierende Risiko die Eigenkapitalkosten und somit den Shareholder-Value. Von daher ist die Risikoquantifizierung und -steuerung ebenfalls eine strenge Nebenbedingung der Kapitalkostenminimierung.

Finanzentscheidungen sind, wie alle anderen Entscheidungen, zukunftbezogen. Damit steht nicht fest, welche Werte die einzelnen Variablen annehmen werden. Die Ausprägung der Werte ist unsicher. Aber nicht alle Entscheidungen sind im gleichen Maße unsicher (vgl. Abbildung 3.3).

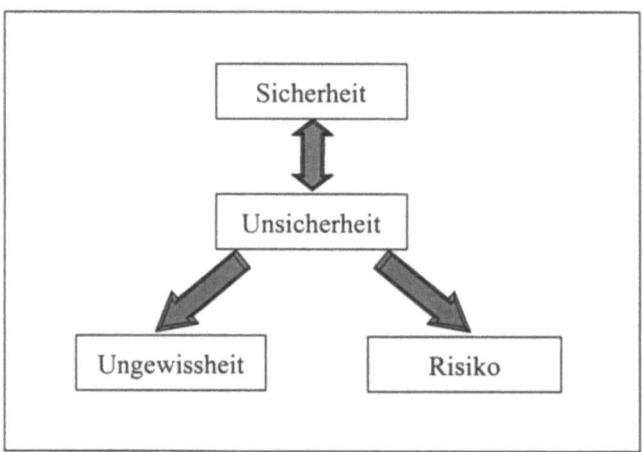

Abbildung 3.3: Systematisierung des Begriffs „Risiko"

Im Falle der Unsicherheit ist zwischen Ungewissheit und Risiko zu differenzieren. Bei Ungewissheit liegen dem Entscheider keine Informationen über Art und Intensität von Einflussfaktoren auf das Ergebnis vor. Im Falle des Risikos ist der Entscheider in der Lage, den erwarteten Ergebniswerten subjektive Wahrscheinlichkeiten zuzuordnen und damit wahrscheinlichkeitstheoretische Aussagen zu treffen. In der hier vorliegenden Betrachtung wird davon ausgegangen, dass eine Quantifizierung des Risikos möglich ist. Risiko kann mathematisch als Abweichung (Standardabweichung) vom erwarteten Wert (z.B. Erwartungswert der Rendite) interpretiert werden. Hieraus resultiert im negativen Fall eine Gefahr und im positiven Fall eine Chance. Chance und Risiko stehen sich demnach gegenüber. Der Umgang mit dem Risiko erfordert einen Orientierungspunkt, eine Art Nullpunkt. Dieser Punkt ist subjektiv und hängt von der Betrachtungsweise des Entscheiders ab.

Beispiel 3.4: Risikoeinschätzung auf Basis eines Orientierungspunktes

Ein Investor plant, sich ein Portfolio aus Wertpapieren zusammenzustellen. Dafür muss er heute (t_0) € 5.000 aufwenden. Hochrechnungen haben ergeben, dass er nach Ablauf der Periode (t_1) in Abhängigkeit von der Marktentwicklung folgende Zahlungen mit den angegebenen Wahrscheinlichkeiten erwarten kann (vgl. Tabelle 3.7).

Tabelle 3.7: Zahlungen bei verschiedenen Umweltzuständen

Umweltzustand	Zahlung in (t_1)	Wahrscheinlichkeiten
U_1	3.800	0,1
U_2	4.600	0,2
U_3	5.400	0,4
U_4	6.100	0,2
U_5	7.000	0,1

In Abhängigkeit von dem Orientierungspunkt, den der Investor festgelegt hat, kann er zu unterschiedlichen Risikointerpretationen gelangen:

- Definiert der Investor sein eingesetztes Kapital von € 5.000 als Orientierungspunkt, wird er die Umweltzustände U_1 und U_2 als Risiko, U_3 bis U_5 als Chance interpretieren.
- Orientiert sich der Investor an einer sicheren Alternativanlage, die ihm eine Verzinsung von 10 % garantiert und sein eingesetztes Kapital auf € 5.500 nach der ersten Periode er-

höht, dann wird er nur noch die Umweltzustände U_4 und U_5 als Chance auffassen.

- Hätte der Investor ein fixiertes Anspruchsniveau von beispielsweise € 6.500, verbleibt nur noch U_5 als Chance; alle anderen Umweltzustände klassifiziert er als Risiko.

Betrachtet man die verschiedenen Fälle, wird deutlich, dass sich die Liste beliebig fortzusetzen lässt, denn die Chance-Risiko-Einschätzung hängt von den persönlichen Präferenzen des Investors ab.

Eine wissenschaftliche Vorgehensweise macht es jedoch notwendig, ein einheitliches Bewertungskriterium zu entwickeln. Deshalb werden Risiko bzw. Chance als Vergleichsergebnis zwischen dem Kapitaleinsatz zum heutigen Zeitpunkt und den Nettoeinzahlungen in den Folgeperioden definiert. Das Risiko entspricht dann der Streuung der möglichen Ergebnisse. Dies bedeutet, dass Handlungsalternativen, die zu einer größeren Abweichung vom Mittelwert führen, riskanter eingestuft werden als solche mit einer geringeren Abweichungsgefahr.

Die Bestimmung des Risikos erfolgt anhand eines zweistufigen Prozesses. In einem ersten Schritt wird der Erwartungswert des Ertrags, als gewichteter Mittelwert aus den Erträgen der Handlungsalternativen, ermittelt. Danach wird die Varianz bzw. Standardabweichung als Risikogröße berechnet. Der Erwartungswert der Einzahlungsüberschüsse (μ_i) ergibt sich als mit den jeweiligen Eintrittswahrscheinlichkeiten (p_{ij}) der Umweltzustände j (p_{ij}) gewichteter Mittelwert der Einzahlungsüberschüsse ($EZÜ_{ij}$).

$$\mu_i = \sum_{j=1}^{m} EZÜ_{ij} * p_{ij}.$$

Beispiel 3.5: Bestimmung des Risikos einer Anlage

Anhand der Werte aus Beispiel 3.4 ergibt sich für den Erwartungswert der Einzahlungsüberschüsse:

$$\mu_1 = 0{,}1*3.800+0{,}2*4.600+0{,}4*5.400+0{,}2*6.100$$
$$+0{,}1*7.000 = 5.380.$$

Die erwartete Einzahlung aus dem Portfolio beträgt € 5.380. Wird unterstellt, dass es eine Anlagealternative gibt, die in jedem Umweltzustand € 5.380 Einzahlungsüberschüsse generieren würde, dann ist auch deren Erwartungswert € 5.380. Allerdings hat die zweite Anlage ein deutlich niedrigeres Risiko. (Tatsächlich ist das Risiko sogar gleich Null.) Damit das Risiko in die Bewertung einfließen kann, muss die Standardabweichung (σ_i) berechnet werden.

$$\sigma_i = \sqrt{\sum_{j=1}^{m}(EZÜ_{ij}-\mu_i)^2 * p_{ij}}\,.$$

Für das obige Portfolio errechnet sich folgender Wert.

$$\sigma_1^2 = 0{,}1*(3.800-5.380)^2 + 0{,}2*(4.600-5.380)^2 +$$
$$0{,}4*(5.400-5.380)^2 + 0{,}2*(6.100-5.380)^2 +$$
$$+0{,}1*(7.000-5.380)^2 = 737.600$$

$$\sigma_1 = 858{,}8.$$

Das Risiko, gemessen als Standardabweichung vom Mittelwert, beträgt € 858,8.

Nachdem eine theoretische Bewertungsvariante zu den Risiken im engeren Sinne vorgestellt wurde, soll nun auf die wesentlichen Risiken im Finanzbereich eingegangen werden. Bei allen Entscheidungen des Finanzmanagements zum Kapitalbedarf, zur Finanzdisposition sowie zur Finanzstruktur stehen dem Sicherheitsstreben eine Reihe relevanter und zu managender Risiken gegenüber. Neben der unternehmensinternen Notwendigkeit, die Risiken zu quantifizieren, hat der Gesetzgeber durch das am 01.05.1998 verabschiedete Gesetz zur Kontrolle und Transparenz im Unternehmensbereich (KonTraG) die Unternehmen verpflichtet, ein Risikomanagement und

-überwachungssystem zu implementieren. Abbildung 3.4 stellt dar, welche finanzwirtschaftlichen Risiken unterschieden werden.

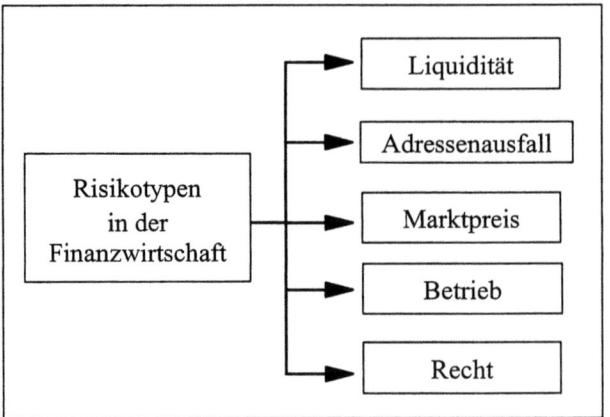

Abbildung 3.4: Finanzwirtschaftliche Risiken

3.3.1 Das Liquiditätsrisiko

Das Liquiditätsrisiko beschreibt das allgemeine Finanzierungsrisiko, also die Gefahr einer potenziellen Zahlungsunfähigkeit eines Unternehmens. Die zweite Dimension des Liquiditätsrisikos ist die unzureichende Marktliquidität. Hierbei handelt es sich um die Gefahr eines illiquiden Finanzmarktes, bei dem es aufgrund von Marktstörungen oder nicht ausreichender Markttiefe zu beträchtlichen Verlusten kommen kann. Das Problem und die Konsequenzen unzureichender Liquidität wurde bereits diskutiert.

3.3.2 Das Adressenausfallrisiko

Das Adressenausfallrisiko bezieht sich in erster Linie auf das Kreditrisiko, was begrifflich auch häufig synonym verwendet wird. Unter Kreditrisiko versteht man den ganzen bzw. teilweisen finanziellen Verlust des eingesetzten Kapitals inklusive der mit dem Kapital verbundenen Erträge. Unter dem angesprochenen Verlust ist gemeinhin der Ausfall von Forderungen zu verstehen. Das Adressenausfallrisiko wird in Beispiel 3.6 verdeutlicht. Die Zahlenwerte beziehen sich auf das Beispiel 3.4.

Beispiel 3.6: Adressenausfallrisiko bei teilweiser Fremdkapitalfinanzierung

Dem Investor stehen verschiedene Finanzierungsmöglichkeiten zur Verfügung. Er steht vor der Wahl, ob er das Kapital in Höhe von € 5.000 selbst aufbringt oder eine Teilfinanzierung durch seine Hausbank wählt. Als Teilfinanzierung bietet ihm die Bank an, € 4.500 zu 5 % als Kredit zu finanzieren. Der Investor stellt folgende Überlegungen an:

- Finanzierung vollständig aus Eigenmitteln: Der Kapitaleinsatz beträgt € 5.000, der Erwartungswert der Einzahlungsüberschüsse € 5.380. Folglich errechnet sich eine erwartete Rendite von 7,6 % (5.300 / 5.000 * 100).
- Kreditaufnahme bei der Bank: Die Bank hätte eine Forderung gegenüber dem Investor in Höhe von € 4.500 zusätzlich der Zinsen für ein Jahr (€ 225), also insgesamt € 4.725. Sein freies Kapital kann der Investor bei dem Kreditinstitut zu 5 % plazieren.

Es wird davon ausgegangen, dass der Investor mit der Bank jegliche Art von persönlicher Haftung, die über die Rendite aus dem Wertpapierportfolio hinaus geht, ausgeschlossen hat. Das heißt, im Falle einer negativen Entwicklung haftet der Kreditgeber nicht mit anderen Vermögensgegenständen und die Bank erleidet einen Forderungsausfall. Entscheidet sich der Investor nun für eine teilweise Kreditfinanzierung, gestaltet sich die Problematik des Adressenausfallrisikos für die kreditgebende Bank wie folgt:

Im Fall der teilweisen Fremdfinanzierung kalkuliert der Investor seinen Ertrag mit € 772,5 aus den Umweltzuständen U_3 bis U_5:

$$0{,}4 * (5.400 - 4.725) + 0{,}2 * (6.100 - 4.725) + \\ 0{,}1 * (5.400 - 4.725) + 0{,}1 * (7.000 - 4.725) = 772{,}5.$$

Treten die Umweltzustände U_1 oder U_2 ein, wird mit der gesamten jeweiligen Einzahlung die Forderung der kreditgebenden Bank, zumindest teilweise, gedeckt. In diesen Fällen erhält der Investor keine Einzahlung aus dem Investitionsobjekt, hat aber auch keinen Schaden. Sein Selbstfinanzierungsanteil beläuft sich nur noch auf € 500. Folglich legt er den verbleibenden Betrag von € 4.500 zu 5 % bei dem Kreditinstitut an. Hieraus resultiert ein Zinsbetrag von € 225.

Betrachtet man die Gesamtsituation, hat der Investor für seinen eingesetzten Kapitalbetrag von € 5.000 eine Rendite von € 772,5 aus dem Wertpapierportfolio und € 225 als Zinsertrag von der Bank erhalten. Dies entspricht einer Gesamtverzinsung von 19,95 % = $(772,5 + 225)/5.000$. Er stellt sich demnach deutlich besser als im Fall der Eigenfinanzierung. Diese Verbesserung ist jedoch auf Kosten des Kreditinstituts geschehen. Es trägt in diesem Beispiel das Ausfallrisikos im Falle von U_1 und U_2.

Tabelle 3.8: Auswirkungen der verschiedenen Umweltzustände auf den Forderungsausfall der Bank

Umweltzustand	Einzahlungen in t_1	Wahrscheinlichkeiten	Forderung der Bank in t_1	Ausfall der Bank
U_1	3.800	0,1	4.725	-925
U_2	4.600	0,2	4.725	-125
U_3	5.400	0,4	4.725	0
U_4	6.100	0,2	4.725	0
U_5	7.000	0,1	4.725	0

Neben dem reinen Kreditrisiko wird auch noch das so genannte Länderrisiko der Gruppe der Adressenausfallrisiken zugeordnet. Länderrisiko ist das Risiko, das im Zusammenhang mit grenzüberschreitenden Kapitaldienstleistungen entsteht. Gründe für diesen Risikotyp sind in den wirtschaftlichen, rechtlichen oder auch politischen Veränderungen eines ausländischen Staates zu suchen.

3.3.3 Das Marktpreisrisiko

Ein weiterer Risikotyp, der vom Finanzmanagement zu steuern ist, wird als Marktpreisrisiko beschrieben. Das Marktpreisrisiko wird durch die Veränderung einzelner Marktbewertungsparameter wie Zinssätze, Aktienkurse, Rohstoffpreise und Währungskurse ausgelöst. Die Notwendigkeit zur Quantifizierung, Überwachung und Steuerung der Marktpreisrisiken ist aufgrund der immer volatiler werdenden Finanzmärkte permanent gestiegen. So wurden Methoden entwickelt, um Risiken zu kalkulieren und abzubilden, und Finanzmarktinstrumente konzipiert, die ein effizientes Finanzmarktmanagement ermöglichen.

Das Marktpreisrisiko wird in drei Kategorien unterteilt. Das Zinsänderungsrisiko bildet die Auswirkung von Zinsveränderungen auf die Finanzsituation des Unternehmens ab. Die Kurs- und Preisrisiken umfassen die Schwankungen von Preisen (z.B. den Aktienkursentwicklungen). Insbesondere für international ausgerichtete Unternehmen spielt das Währungsrisiko eine große Rolle. Es untersucht die Auswirkungen von Devisenkursveränderungen auf die Zahlungstransaktionen der Unternehmen.

In der folgenden Betrachtung wird das **Zinsänderungsrisiko** stellvertretend für die anderen Marktpreisrisiken tiefergehend beleuchtet. Das Zinsänderungsrisiko definiert sich als Gefahr, dass sich geplante oder erwartete Ergebnisgrößen durch Änderung von Marktzinsen bzw. des allgemeinen Marktzinsniveaus verändern. Deutlich wird diese Risikoproblematik, wenn man sich vorstellt, dass bei steigendem Zinsniveau die Aktiva (oder Teile davon) längerfristig zu festen Konditionen (Festzinssatz) gebunden sind, auf der Passivseite jedoch Kredite zu variablen Konditionen aufgenommen werden müssen. Folglich erhält das Unternehmen einen fixen Ertrag aus den investierten Aktivpositionen, muss jedoch höhere Aufwendungen zur Bedienung des aufgenommenen Kapitals in Kauf nehmen. (Bei einer fristenkongruenten Finanzierung reduziert sich die Gefahr natürlich.)

Die Veränderung des Zinsniveaus wird durch die so genannte **Zinsstrukturkurve** ausgedrückt. Sie repräsentiert eine Aneinanderreihung von Zinssätzen eines bestimmten Marktsegmentes für eine Laufzeit von bis zu zehn Jahren. Basis für die Ermittlung der hierfür zu verwendenden Zinssätze sind zumeist öffentliche Anleihen oder Pfandbriefe. Welchen Verlauf die Zinsstrukturkurve nimmt, hängt von einer ganzen Reihe von Einflussfaktoren ab. Zu nennen sind in diesem Zusammenhang insbesondere die erwartete wirtschaftliche Aktivität und die allgemeine Risikoeinschätzung der Marktteilnehmer.

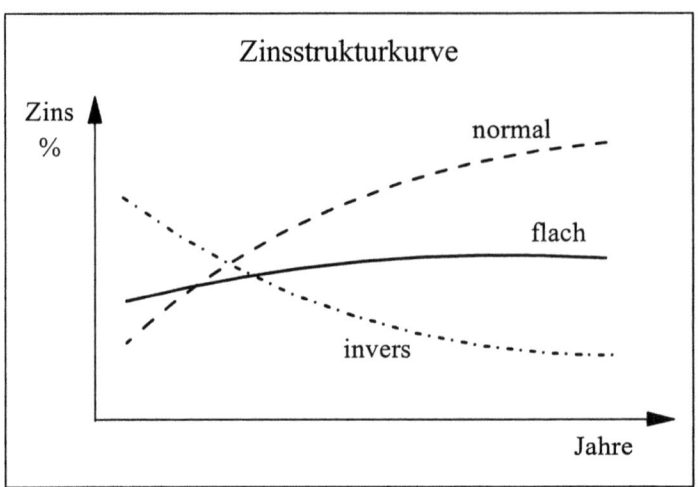

Abbildung 3.5: Zinsstrukturkurve

Der normale Verlauf der Zinsstrukturkurve unterstellt, dass die kurzfristigen Zinssätze (Geldmarktsätze) niedriger als die langfristigen (Kapitalmarktsätze) sind, weil das Risiko eines Ausfalls mit der Zeitdauer zunimmt und der Kreditgeber länger seine Dispositionsmöglichkeit verliert. Eine Drehung der Zinsstruktur, eben genau der umgekehrte Fall, wird als inverse Zinsstrukturkurve bezeichnet. Hierzu kann es kommen, wenn die weitere wirtschaftliche Situation als eher unvorteilhaft eingeschätzt wird. Folglich wird die Nachfrage nach mittel- bis langfristigen Investitionsgütern zurückgehen, was mit einem ebenfalls reduzierten Kapitalbedarf im mittel- bis langfristigen Bereich einhergeht. Diese Einschätzung der wirtschaftlichen Entwicklung wird vom Zinsniveau reflektiert. Durch die reduzierte mittel- bis langfristige Kapitalnachfrage wird das mittel- bis langfristige Zinsniveau sinken. Je nach Intensität wird es unter das kurzfristige Zinsniveau abfallen, was dann eine inverse Zinsstruktur nach sich zieht. Eine solche Umkehrung des Zinsstrukturkurvenverlaufs birgt eine Reihe von Risiken in sich, die sich auf die Finanzierungssituation des Unternehmens auswirken. Diese Problematik wird in Beispiel 3.7 verdeutlicht.

Beispiel 3.7: Auswirkungen einer Drehung der Zinsstrukturkurve

Angenommen, ein Unternehmen benötigt Kapital für eine Investition mit einer Laufzeit von zwei Jahren. Die Investition sichert dem Unternehmen einen festen Ertrag von 10 %. Da die Konditionen für Finanzierungsmittel aktuell sehr schwankend sind und der Investor mit einem sinkenden Zinsniveau rechnet, sieht er sich veranlasst, die Finanzierung zunächst nur für ein Jahr (8 %) zu fixieren. In Abhängigkeit von der Zinsentwicklung kann sich diese Entscheidung für den Investor als vorteilhaft oder unvorteilhaft erweisen.

- Bleibt der Markt unverändert oder sinkt das Zinsniveau sogar, kann der Investor die Finanzierung des zweiten Jahres wieder zu 8 % oder einem niedrigeren Zinssatz durchführen. Angenommen der Zins sinkt auf 7 %, wäre seine Entscheidung richtig gewesen, und seine Investition würde sich rentieren.
- Dreht sich dagegen die Zinsstrukturkurve und kurzfristige Refinanzierungen würden sich im Vergleich zu langfristigen verteuern, dann wäre die Situation für den Investor weniger vorteilhaft. Angenommen, die Zinssätze für einjährige Kredite würden im zweiten Jahr auf 13 % ansteigen, dann ergäbe sich für den Investor sogar eine negative Rendite, ansonsten würde sein Rendite nur sinken.

Der Beispielfall macht deutlich, dass die Verlagerung der Zinsstrukturkurve einen Einfluss auf die Ertragssituation des Unternehmens nehmen kann. Aus diesem Grund muss das Zinsänderungsrisiko auch im Zuge des Shareholder-Value-Ansatzes rechen- und steuerbar gemacht werden.

3.3.4 Das Betriebsrisiko

Das Betriebsrisiko kann in drei große Gruppen unterteilt werden. Eine Untergruppe ist das **Personalrisiko**. Es befasst sich mit den im Unternehmen tätigen Personen und der Notwendigkeit ihres qualifikationsadäquaten Einsatzes. Das **EDV-** oder **IT-Risiko**, die zweite Kategorie, umfasst alle potenziellen Gefahren, die aus der im Unternehmen eingesetzten Hard- und Software resultieren können. Hierbei sind insbesondere der Ausfall von Servern, unzureichende Datensicherungen, aber auch eine fehlende oder wenig fundierte Maßnahmenplanung für den Notfall (Business Continuity Planning) zu erwähnen. Als dritte Kategorie können **Risiken aus der Organisationsstruktur**, der Ablauf- und Aufbauorganisation herrühren, was unter dem Begriff Organisationsrisiko zusammengefasst wird.

3.3.5 Das Rechtsrisiko

Das Rechtsrisiko beschäftigt sich in erster Linie mit Gefahren aus abgeschlossenen Kontrakten, z.B. bei nicht mehr einklagbaren Verträgen. Auch werden hierunter Risiken aus Versicherungsverträgen subsumiert, wenn es zum Versicherungsfall für das Unternehmen kommt.

Zusammenfassend ist festzustellen, dass nicht alle aufgeführten Risiken ausschließlich in die Entscheidungskompetenz bzw. Verantwortung des Finanzmanagements fallen. Es sieht seine Schwerpunkte sicherlich in der Steuerung des Liquiditäts-, Adressenausfall- und Marktpreisrisikos. Neben dem Finanzmanagement verfügen Unternehmen heutzutage zunehmend über dedizierte Risikocontrollingabteilungen, denen die Risikoidentifikation, -analyse, -bewertung sowie ein umfassendes Riskreporting für alle Risikotypen obliegen.

Übungsaufgaben zum 3. Kapitel

Aufgabe 3.1:

Das Investitionscontrolling der Beta AG ist beauftragt, auf Basis verschiedener Informationen den durchschnittlichen für das nächste Jahr gültigen Kapitalkostensatz zu bestimmen. Hierzu wurden bereits Daten zusammengestellt, die in nachfolgender Tabelle zusammengetragen sind.

Information/Beschreibung	Wert
Rendite risikofreier Wertpapiere	3,5 %
Rendite des Marktes (Marktindex)	9,0 %
Renditevolatilität des Unternehmens in Relation zur Marktvolatilität (Beta-Faktor)	0,8
Zinssatz für langfristige Fremdfinanzierung	4,0 %
Zinssatz für kurzfristige Fremdfinanzierung	7,0 %
Diskontierungssatz für Pensionsrückstellungen	6,0 %
Marktwert des Eigenkapitals	€ 700.000
Langfristige Verbindlichkeiten gemäß Bilanzausweis	€ 800.000
Kurzfristige Verbindlichkeiten gemäß Bilanzausweis	€ 300.000
Pensionsrückstellungen	€ 200.000

a) Ermitteln Sie unter Verwendung der obigen Angaben den durchschnittlichen Kapitalkostensatz für das kommende Geschäftsjahr.

b) Zu welchen Zwecken wird dieser durchschnittliche Kapitalkostensatz im folgenden Geschäftsjahr im Unternehmen verwendet werden?

c) Welche Schwierigkeiten sehen Sie bei der Ermittlung des durchschnittlichen Kapitalkostensatzes für Unternehmen in der Praxis?

Aufgabe 3.2:
Ein Unternehmen denkt über eine Fremdfinanzierung nach, die Kapital in Höhe von 200.000 Euro für zwei Jahre zur Verfügung stellen soll. Das Finanzcontrolling ist beauftragt, zwei mögliche Varianten zu beurteilen.

Konditionenübersicht	Variante A	Variante B
Nominalzins (Zahlungsweise: jährlich)	7,5 %	8,0 %
Tilgungsweise	50 % im 1., 50 % im 2. Jahr	100 % am Ende der Laufzeit
Auszahlungskurs	92 %	100 %
Bearbeitungsgebühr	€ 750 einmalig	€ 750 bei der Auszahlung, jährlich € 75 Kontoführungsgebühr

a) Auf welcher Basis sollte das Finanzcontrolling den Vergleich der beiden Finanzierungsvarianten vornehmen?

b) Ermitteln Sie die Fremdkapitalkosten der beiden Varianten.

c) Ist die von Ihnen angewendete Methode laufzeitunabhängig einsetzbar?

Aufgabe 3.3:
Neben den Zielgrößen Kapitalkostenminimierung, Liquiditätssicherung und Risikomanagement wird die Unabhängigkeit häufig noch als Zielparameter genannt. Weshalb wird die Unabhängigkeit von Unternehmen in diesem Zusammenhang teilweise als gleichrangiger Parameter angesehen?

Aufgabe 3.4:
Die Holstein AG denkt über zwei mögliche Investitionen mit einperiodiger Laufzeit nach. Beide Investitionen verursachen eine Anschaffungsauszahlung (A_0) von € 400.000. Die Investitionsobjekte unterscheiden sich in der Sicherheit der zu erwartenden Einzahlungsüberschüsse. Das erste Investitionsobjekt (IO_1) gilt als sicher und lässt am Ende der ersten Periode einen Einzahlungsüberschuss von € 440.000 erwarten. Das andere Investitionsobjekt ist unsicher. Analysen haben ergeben, dass bei IO_2 ein Einzahlungsüberschuss von € 700.000 mit 0,4 wahrscheinlich ist, mit 0,6 hingegen ein Einzahlungsüberschuss von € 220.000. Der Zinssatz für Fremdfinanzierung und risikofreie Anlagen wird mit 10 % angegeben. Prüfen Sie, ob es zu abweichenden Interessen zwischen Fremd- bzw. Eigenkapitalgebern kommt, wenn die Finanzierung nur auf Eigenkapitalbasis, zu 55 % Eigen- und 45 % Fremdkapital bzw. zu 25 % Eigen- und 75 % Fremdkapital durchgeführt werden soll. Verdeutlichen Sie an diesem Beispiel ein mögliches Ausfallrisiko, das die Fremdkapitalgeber zu tragen haben.

Aufgabe 3.5:
Bei der Systematisierung des Begriffs „Risiko" wird in Ungewissheit und Risiko unterschieden. Grenzen sie diese beiden Begriffe voneinander ab.

Aufgabe 3.6:
Ein Kapitalanleger verfügt heute über € 2 Mio. Er überlegt, ob er für diesen Betrag eine sichere Kapitalmarktanlage zu 6 % p.a. wählt oder eine Kapitalgesellschaft gründet. Bei diesem Unternehmen wäre er der alleinige geschäftsführende Gesellschafter. Der spezifische Geschäftsgegenstand der Gesellschaft stellt sicher, dass sie nach dem ersten Geschäftsjahr wieder aufgelöst und liquidiert wird. Nach einem Jahr erwartet der Kapitalanleger in Abhängigkeit von der jeweils eingetretenen Marktsituation (Umweltzustände U_1, U_2 und U_3) folgende Liquidationserlöse (Einzahlungsüberschüsse):

Umweltzustand	U_1	U_2	U_3
Eintrittswahrscheinlichkeit	0,3	0,3	0,4
Einzahlungsüberschuss nach 1 Jahr	€ 1 Mio.	€ 2 Mio.	€ 3 Mio.

a) Gehen Sie davon aus, dass der Kapitalgeber durch Risikoneutralität gekennzeichnet ist. Zu welcher Entscheidung raten Sie ihm, wenn Transaktionskosten unberücksichtigt bleiben sollen und sein Ziel Einkommensmaximierung nach einem Jahr ist?

b) Angenommen, der Kapitalgeber bekommt von seiner Hausbank ein Angebot, die Hälfte der Gründungseinlage für die Kapitalgesellschaft fremd zu finanzieren. Welchen Zinssatz für die Fremdfinanzierung darf das Kreditinstitut maximal fordern, damit sich der Kapitalgeber unter Beibehaltung seiner Zielsetzung für die Gründung des Unternehmens entscheidet?

c) Mit welcher Rendite kann die kreditgebende Bank rechnen, wenn der unter b) errechnete Wert als Zinssatz für die Fremdfinanzierung Anwendung findet und die Bank von einer identischen Verteilung der potenziellen Liquidationserlöse ausgeht wie der Kapitalgeber?

d) Wie wird das von Ihnen rechnerisch nachgewiesene Risiko in der Literatur bezeichnet?

4 Finanzierungsarten und Finanzinstrumente

Das Zielsystem aus Kapitalkostenminimierung, Liquiditätssicherung und Risikomanagement macht den Einsatz von Finanzierungsinstrumenten erforderlich, mit denen die Optimierung der Finanzentscheidungen erreicht werden kann. Daher kommt der finanzwirtschaftlichen Führung des Unternehmens sowohl bei der Abstimmung des Kapitalbedarfs als auch bei Entscheidungen über die situationsbedingt richtige Verwendung der Finanzierungsinstrumente eine strategisch wichtige Rolle zu. Wie aus Abbildung 4.1 erkennbar wird, lassen sich die Finanzierungsinstrumente eines Unternehmens verschiedenartig systematisieren. Dabei orientiert sich die Systematisierung an den verschiedenen Finanzierungsarten als Oberbegriff einer Klasse von Finanzierungsinstrumenten.

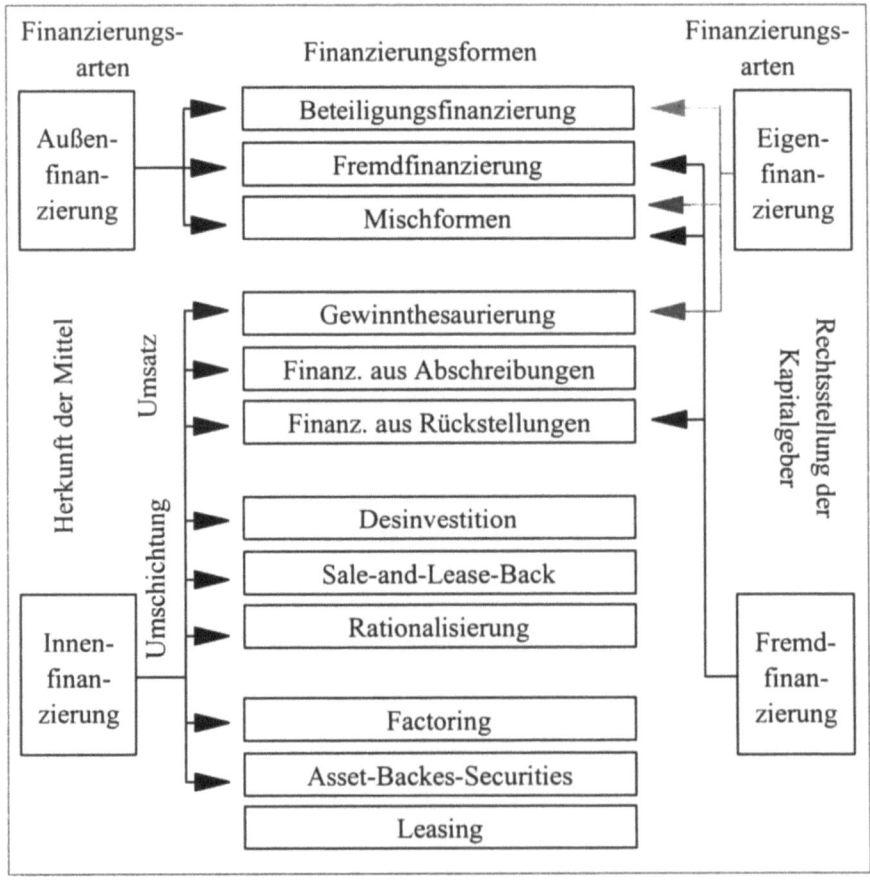

Abbildung 4.1: Finanzierungsarten und Finanzierungsinstrumente

Nach der **Herkunft der Finanzmittel** wird in Innen- und Außenfinanzierung unterschieden. Bei der **Außenfinanzierung** (externen Finanzierung) werden Mittel von außerhalb der Unternehmung stehenden Kapitalgebern zugeführt. Als wesentliche Beschaffungsquelle sind die (organisierten) Finanzmärkte zu nennen. Unter der **Innenfinanzierung** oder internen Finanzierung hingegen wird die Gewinnung von Finanzmitteln aus unternehmensinternen Transaktionen verstanden. Basis hierfür bilden zum einen der betriebliche Umsatzprozess und der hieraus generierte Cashflow, zum anderen aber auch die Freisetzung vorhandener Mittel durch Vermögensumschichtungen.

Nach dem Kriterium **Rechtsstellung** der Kapitalgeber werden Eigen- und Fremdfinanzierung unterschieden. **Eigenfinanzierung** definiert jede Art von Eigenkapitalzuführung. Die Kapitalgeber erlangen durch ihre Kapitalbereitstellung eine Eigentümerposition gegenüber dem Unternehmen. Hieraus entstehen für sie und das Unternehmen bestimmte Rechte und Pflichten. Treten die Kapitalgeber dem Unternehmen gegenüber als Gläubiger auf, wird dies als **Fremdfinanzierung** bezeichnet.

Daneben werden noch eine Reihe anderer Kriterien zur Systematisierung herangezogen. So wird nach der **Fristigkeit** unterschieden, das heißt, wie lange das Kapital bereitgestellt wird. Hierbei ist es üblich, in kurz-, mittel- und langfristige Laufzeiten zu unterteilen. Auch wenn es keine allgemeingültige Quantifizierung der Fristigkeiten gibt, wird normalerweise kurzfristig mit einem Jahr, mittelfristig zwischen einem und fünf Jahren und langfristig mit über fünf Jahren eingestuft. Diese Definitionen werden auch in den Statistiken der Deutschen Bundesbank zugrunde gelegt. Beim Eigenkapital geht man davon aus, dass es langfristig oder sogar unbefristet zur Verfügung gestellt wird.

Ein anderes Kriterium beschäftigt sich mit dem **Anlass** der Finanzierung. Entsteht der Kapitalbedarf durch die Existenzgründung, dann wird von **Gründungsfinanzierungen** gesprochen. Ein anderer Finanzierungsgrund kann eine **Erweiterungsfinanzierung** sein, das heißt, Kapital muss für Erweiterungsinvestitionen bereitgestellt werden. **Umfinanzierungen** stellen einen weiteren Finanzierungsanlass dar. Hierunter werden die Substitution, beispielsweise der Ersatz von Kreditprodukten wegen eines Wechsels der

Hausbank und die Transformation, das heißt der Austausch von Finanzierungsarten, verstanden. Bei der **Sanierungsfinanzierung** wird zunächst eine Kapitalherabsetzung, also eine Eigenkapitalreduzierung, mit anschließender Kapitalerhöhung (Zufluss von neuem Eigenkapital) durchgeführt. Gegenstand dieses Verfahrens sind meistens Unternehmen, die vorübergehende Ertragsprobleme haben. Durch die Kapitalherabsetzung werden entstandene Verluste kompensiert. Die sich anschließende Kapitalerhöhung gibt dem Unternehmen neue finanzielle Mittel zur soliden Weiterführung seines Geschäftsbetriebes.

Die folgende Betrachtung der Finanzierungsinstrumente ist nach dem Systematisierungsmerkmal Herkunft der Finanzmittel gegliedert und unterteilt sich in die beiden großen Themengebiete Außenfinanzierung und Innenfinanzierung. Finanzierungsinstrumente, die den beiden Gruppen nicht zugeordnet werden können, sind separat erläutert.

4.1 Die Außenfinanzierung

Die externen Kapitalgeber, die im Rahmen der Außenfinanzierung dem Unternehmen liquide Mittel zur Verfügung stellen, können dem Unternehmen gegenüber als Eigen- oder Fremdkapitalgeber auftreten. Im Falle der **Beteiligungsfinanzierung** (= Eigenkapital) wird dem Unternehmen Kapital durch Einlagen der Unternehmenseigentümer zugeführt. Kreditkapital (= Fremdkapital) hingegen wird von Gläubigern bereitgestellt. Neben den Eigenkapitalgebern und Gläubigern erhalten Unternehmen auch noch aus anderen Quellen finanzielle Mittel. Diese Zuführung kann beispielsweise in Form von staatlichen Subventionen erfolgen.

Eigen- und Fremdkapital lassen sich durch bestimmte Kriterien klar voneinander abgrenzen. Eines dieser Kriterien ist die **Haftung** des Kapitalgebers. Eigenkapital repräsentiert für das Unternehmen Haftungskapital, denn es haftet für Verbindlichkeiten des Unternehmens Dritten gegenüber. Je nach Rechtsform der Unternehmung kann sich diese Haftungsverpflichtung weit über den Nominalwert des Eigenkapitals hinaus erstrecken. Bei Unternehmen in der Rechtsform einer Kommanditgesellschaft (KG) beispielsweise umfasst die Haftungsverpflichtung der Komplementäre neben ihrem im Unternehmen eingesetzten Kapital auch ihr separates Privatvermögen. Der Fremdkapitalgeber hingegen haftet nicht für die Verbindlichkeiten des Unternehmens. Er ist somit derjenige, der im Konkursfall des Unternehmens einen Quotenanspruch an die Haftungsmasse hat.

Der **Renditeanspruch** ist beim Eigenkapital dergestalt, dass der Kapitalgeber üblicherweise eine variable, also erfolgsabhängige Entlohnung für seine bereitgestellten Mittel erhält. Der Fremdkapitalgeber hat in der Regel einen festen Verzinsungsanspruch, der unabhängig von der geschäftsjahresbezogenen Gewinn- oder Verlustsituation bedient werden muss.

Die Behandlung des Unternehmensmanagements, also die Leitungsberechtigung in einem Unternehmen, unterstreicht den gedanklichen Ansatz, der auch durch die Regelungen in Bezug auf die Haftungsverpflichtung umzusetzen versucht wird. Diejenigen, die bereit sind, unternehmerisches Risiko zu tragen, sind auch berechtigt, das Unternehmen zu leiten. Folglich steht das Haftungsrisiko in gleichgerichteter Beziehung zu der Leitungschance. Auch der zeitliche Aspekt, also die Dauer der Kapitalüberlassung, ist ein wichtiges Unterscheidungsmerkmal für Eigen- und Fremdkapital. Eigenkapital wird in der Regel unbefristet, Fremdkapital dagegen befristet bereitgestellt.

Der **Vermögensanspruch** des Eigenkapitalgebers wird bedient, wenn der Liquiditätserlös die Schulden übersteigt. Ist dies der Fall, erhält er einen Quotenanteil. Dies bedeutet, dass er über seine Anlage hinaus an dem über die Gewinnkraft der Gesellschaft steigenden Unternehmenswert partizipiert. Der Gläubiger hat Rückzahlungsanspruch auf seine Forderung in voller Höhe. Neben diesen Hauptunterscheidungsmerkmalen sind noch die unterschiedliche steuerliche Behandlung von Eigen- und Fremdkapital zu erwähnen, die aber aufgrund ihrer Komplexität – insbesondere wegen der unterschiedlichen Auswirkungen der Steuergesetzgebung in Abhängigkeit von der Rechtsform des betrachteten Unternehmens – nicht weiter vertieft werden.

Die Hauptunterscheidungsmerkmale von Eigen- und Fremdkapital sind in Tabelle 4.1 dargestellt.

Tabelle 4.1: Finanzwirtschaftliche Unterscheidungsmerkmale der Eigen- und Fremdfinanzierung

Finanzwirtschaftliche Merkmale	Eigenfinanzierung	Fremdfinanzierung
Haftungsverpflichtung	mindestens in Höhe der Einlage = (Mit-) Eigentümerposition	keine Haftung = Gläubigerposition
Renditeanspruch	Beteiligung an Gewinn und Verlust	in der Regel fester Zinsanspruch, kein gewinnabhängiger Anteil
Unternehmensmanagement	in der Regel berechtigt	in der Regel ausgeschlossen
Dauer der Kapitalüberlassung	in der Regel ohne Limitierung	in der Regel terminiert
Vermögensanspruch	Quotenanteil, wenn Liquidationserlös > Verbindlichkeiten	Nominalanspruch

4.1.1 Beteiligungsfinanzierung

Werden dem Unternehmen liquide Mittel in Form von Beteiligungskapital zugeführt, finden diese in den Eigenkapitalpositionen der Bilanz ihren Niederschlag. Die nachstehenden fünf Funktionen werden dem Beteiligungskapital zugeordnet, unabhängig davon, in welcher Rechtsform das Unternehmen firmiert.

- Funktion der Errichtungsgrundlage
- Funktion der Gewinnverteilungsgrundlage
- Finanzierungsfunktion
- Garantie- bzw. Haftungsfunktion
- Repräsentationsfunktion.

Die **Funktion der Errichtungsgrundlage** stellt auf die Gründung eines Unternehmens ab. Es soll zum Ausdruck gebracht werden, dass der Startkapitalbedarf durch die Eigentümer zu decken ist. In Abhängigkeit von der Rechtsform schreibt der Gesetzgeber unterschiedliche Mindestbeträge für die Erstkapitaleinlage vor. Dies steht in engem Zusammenhang mit der **Funktion der Gewinnverteilungsgrundlage**, weil die Gewinnverteilung nach Gesetz oder Gesellschaftsvertrag grundsätzlich in Relation zu der Höhe des von dem einzelnen Kapitalgeber zugeführten Beteiligungskapitals festgelegt wird. Mit dem Anfangskapital durch die Unternehmenseigner und eventuellen Erhöhungen der Kapitaleinlage geht in der Regel ein Zufluss von Zahlungsmitteln **(Finanzierungsfunktion)** einher, die zu Finanzierungszwecken genutzt werden können. Erfolgt die Ersteinlage in Form einer Sachanlage, was das Gesetz in einem bestimmten Rahmen auch zulässt, findet zunächst kein Abfluss von Zahlungsmitteln statt.

Die Haftungskapitaleigenschaft des Eigenkapital übernimmt eine **Garantiefunktion** gegenüber den Gläubigern des Unternehmens. Im Liquidationsfall werden die Forderungen der Fremdkapitalgeber, vollständig oder zumindest teilweise, aus den Verwertungserlösen der Bilanzaktiva befriedigt. Das Eigenkapital wird wie ein passivischer Buchvermerk über eine Anspruchsgrundlage behandelt. Das dieser Vermerkposition gegenüberstehende Vermögen ist nicht mit Forderungen der Fremdkapitalgeber belastet. Hierauf wird als Garantiefonds von den Gläubigern zurückgegriffen, wenn die Liquidation des sonstigen Vermögens ihre Ansprüche nicht vollständig befriedigt. In diesem Zusammenhang sollen auch die gesetzlichen Regelungen für die Inanspruchnahme des Eigenkapitals zum Verlustausgleich kurz vorgestellt werden. So wird die Unternehmensleitung durch die Auflösung stiller Reserven, beispielsweise durch den Verkauf von Beteiligung über dem Buchwert, zu verhindern versuchen, eingetretene Verluste überhaupt auszuweisen. Ist das nicht möglich, werden die offenen Rücklagen zum Verlustausgleich herangezogen.

Die äußerste Haftungsreserve wird vom Grundkapital wahrgenommen. Übersteigt der Verlust die Hälfte des Grundkapitals, muss der Vorstand einer Aktiengesellschaft die Hauptversammlung einberufen und ihr dies offenlegen. Wird das Eigenkapital durch Verluste bei Kapitalgesellschaften vollständig aufgezehrt, verlangt die Konkursordnung (§ 102, 103 KO), dass das betroffene Unternehmen Konkurs wegen Überschuldung anmeldet. Eine logische Konsequenz dieser vor allem auch gesetzlich untermauerten Anforderungen ist die Unterstellung, dass Unternehmen, die über eine geringe Eigenkapitalausstattung verfügen, also eine niedrige Eigenkapitalquote aufweisen, als risikoträchtiger eingestuft werden. Hieraus leitet sich eine eingeschränkte Kreditwürdigkeit ab und mithin eine reduzierte Verschuldungskapazität. Eine hohe Eigenkapitalquote hingegen impliziert die umgekehrten Effekte. Dementsprechend haben Unternehmen mit einer solideren Eigenkapitalausstattung einen besseren Status quo (**Repräsentationsfunktion**).

4.1.1.1 Beteiligungsfinanzierung bei unterschiedlichen Rechtsformen

Die Entscheidung über die Rechtsform eines Unternehmens stellt einen direkten Einflussfaktor auf die Möglichkeiten und Grenzen der Eigenkapitalbeschaffung dar. Dies ist zum Teil auf die sehr unterschiedlichen, rechtsformabhängigen gesetzlichen Vorschriften zurückzuführen, die im Handelsrecht und in einigen Spezialgesetzen (z.B. Aktiengesetz oder GmbH-Gesetz) niedergeschrieben sind. Sie enthalten spezifische Regelungen sowohl für die Erstkapitalversorgung (Gründungskapital) als auch für die Zuführung und Verringerung von Beteiligungskapital. Aus der Perspektive der Eigenkapitalgeber bestimmt die gewählte Rechtsform des Unternehmens u.a.:

- die Möglichkeit ihrer Einflussnahme auf die Unternehmenslenkung und -entwicklung;
- die Art und Höhe ihrer Gewinnbeteiligung;
- die Haftungsverpflichtungen.

Auch wenn ein Rechtsformwechsel während der Existenz des Unternehmens möglich ist, ist die Festlegung auf eine bestimmte Rechtsform zum Gründungszeitpunkt des Unternehmens eine wesentliche strategische Entscheidung. Abgesehen von Ausnahmefällen kann gesagt werden, dass die Unternehmensgründer bei der Wahl der Rechtsform innerhalb der gesetzlichen Rahmenbedingungen frei agieren können. So wird die Entscheidung in erster Linie nach Abwägung relevanter ökonomischer Aspekte getroffen werden. In diesem Zusammenhang sind Einflussfaktoren wie Gegenstand des Unternehmens, strategische Ausrichtung sowie die geplante Unternehmensgröße zu berücksichtigen.

Untersucht man die unterschiedlichen Rechtsformen in Bezug auf die Beteiligungsfinanzierung, lassen sich eine Reihe von Merkmalen herausarbeiten, die rechtsformabhängig mit unterschiedlichen Inhalten belegt werden. Hierbei sind insbesondere die gesetzliche Basis, die Art und Mindestzahl der Gründer eines Unternehmens (Gründung durch), die Mindesthöhe der Ersteinlage (Mindestkapital), die Ausweitung des Beteiligungskapitals (Kapitalaufnahme), die Erfolgsansprüche der Eigenkapitalgeber sowie ihre Haftungsverpflichtung zu analysieren. Die inhaltlichen Ausprägungen der Merkmale, in Abhängigkeit von der Rechtsform, sind in Tabelle 4.2 dargestellt.

Tabelle 4.2: Beteiligungsfinanzierung und Rechtsformen im Überblick

	Merkmale / Rechtsformen	Gesetzliche Basis	Gründung durch	Mindestkapital	Kapitalaufnahme	Erfolgsanspruch	Haftung
	Einzelunternehmung (EU)	§§ 1–104 HGB	1 Unternehmer (Kaufmann)	keine Mindesteinlage, kein festes Kapital	schwierig, durch Unternehmervermögen limitiert	ausschließlich Unternehmer	unbeschränkt, persönlich
Personengesellschaften	Stille Gesellschaft	§§ 230–236 HGB	1 Unternehmer/ 1 „Stiller"(Gesellschafter)	wie EU, aber Einlage des Stillen nominell festgelegt	wie EU, aber Aufnahme Stiller leichter	Angemessener Anteil für Stillen, Rest: Unternehmer	Stiller mit max. Einlage, Unternehmer gem. Rechtsform
	GbR (BGB-Gesellschaft)	§§ 705–740 BGB	2 Gesellschafter	wie EU, Beiträge nach Vereinbarung	Abhängig von Privatvermögen der Gesellschafter, Aufnahme neuer: neue Mehrheitsverhältnisse	Gleiche Anteile für Gesellschafter	Unbeschränkt durch alle Gesellschafter
	Offene Handelsgesellschaft (OHG)	§ 105–160 HGB, §§ 705–740 BGB	2 Gesellschafter	wie GbR	wie GbR	4% auf die Einlage, Rest nach Köpfen	wie GbR
	Kommanditgesellschaft (KG)	§§ 105–160, 161–177a HGB, §§ 705–740 BGB	1 Komplementär, 1 Kommanditist	Wie OHG, Kommanditist muss feste Einlage leisten	Komplementäre wie OHG, Verfahren aber leichter, da weniger Kommanditeinlagen möglich	4 % auf die Einlage, Rest angemessen, tendenziell zu Gunsten der Komplementäre	Komplementär wie OHG, Kommanditist mit Einlage

Fortsetzung Tabelle 4.2:

		Gesetzliche-Basis	Gründung durch	Mindestkapital	Kapitalaufnahme	Erfolgsanspruch	Haftung
Kapitalgesellschaften	Gesellschaft mit beschränkter Haftung (GmbH)	GmbH-Gesetz, §§ 238–335 HGB	1 Gesellschafter	festes Stammkapital mind. € 25.000, Mindestgeschäftsanteil € 100	tendenziell einfach, da kleine Stückelung € 100 möglich, aber Übertragungsprobleme	nach Anteilen am Stammkapital	Höhe der Einlagen, ggf. Nachschusspflicht, vor Handelsregistereintrag (HR) alle Gesells. solidarisch
	Aktiengesellschaft (AG)	Aktiengesetz, §§ 238–335 HGB	5 Aktionäre	festes Grundkapital mind. € 50.000	leicht, da Verbriefung in kleinen fungiblen Anteilen	nach Anteilen am Grundkapital	Höhe der Einlage, vor HR-Eintrag persönliche Haftung
Sonstige	Genossenschaft (eG)	Genossenschaftsgesetz, §§ 336–339 HGB	7 Genossen	kein festes Grundkapital	leicht, abhängig von der Satzung	gemäß eingezahlten Geschäftsguthaben	Höhe der Geschäftsanteil, unter anderem Nach-Schusspflicht

Neben den aufgezeigten Unterschieden ist für die Betrachtung der Beteiligungsfinanzierung ein möglicher Börsenzugang für das Unternehmen von wesentlicher Bedeutung. Bei nicht börsenfähigen Unternehmen erfolgt die Beteiligungsfinanzierung in der Regel unter Ausschluss der Öffentlichkeit und nach individuellen rechtsforminduzierten Besonderheiten. Besser für eine allgemeingültige Analyse eignen sich börsenfähige Unternehmen, insbesondere solche, die zur Aktienausgabe berechtigt sind. Wie sich die Beteiligungsfinanzierung für diese Unternehmen gestaltet, wird nachfolgend erläutert.

4.1.1.2 Beteiligungsfinanzierung bei Aktiengesellschaften

Aktiengesellschaften (AG) sind emissionsfähige Unternehmen, das heißt, sie können sich Eigenkapital auf den organisierten Kapitalmärkten durch die Ausgabe (= Emission) von Aktien beschaffen. Die Ausgabe von Aktien (Anteilsscheine am Eigenkapital des Unternehmens) ermöglicht diesen Unternehmen, hohe Kapitalbeträge in kleine Beträge herunterzubrechen und so diese Kapitalbeträge von vielen unterschiedlichen Aktionären bereitstellen zu lassen. Von daher sind Aktiengesellschaften durch folgende Charakteristika gekennzeichnet:

- unkomplizierte Beschaffung hoher Eigenkapitalbeträge durch Herunterbrechen des Gesamtbetrages in kleine Anteile (Aktien);
- hohe Handelbarkeit (Fungibilität) der Aktien;
- Aktiengesetz gibt rechtliche Gestaltung des Gesellschaftsvertrages vor;
- Trennung von Eigenkapitalgeberposition und Geschäftsleitung, sodass die Geschäftspolitik bei Eigentümerwechsel fortgesetzt werden kann;
- anonymer Kapitalmarkt kann genutzt werden.

Die Möglichkeit, Geschäftspolitik im Falle eines Eigentümerwechsels fortsetzen zu können, führt im ungünstigen Fall zu der eingangs beschriebenen Prinzipal-Agent-Problematik. Der Vorstand als Unternehmensmanagement hat den Status des Agenten, während der Prinzipal durch die Hauptversammlung, also der Zusammenkunft der zumindest teilweise im Hintergrund agierenden Eigenkapitalgeber, dargestellt wird. Diese Prinzipal-Agent-Beziehung macht es erforderlich, dass an die Aktien verschiedene Rechte geknüpft sind (vgl. Abbildung 4.2).

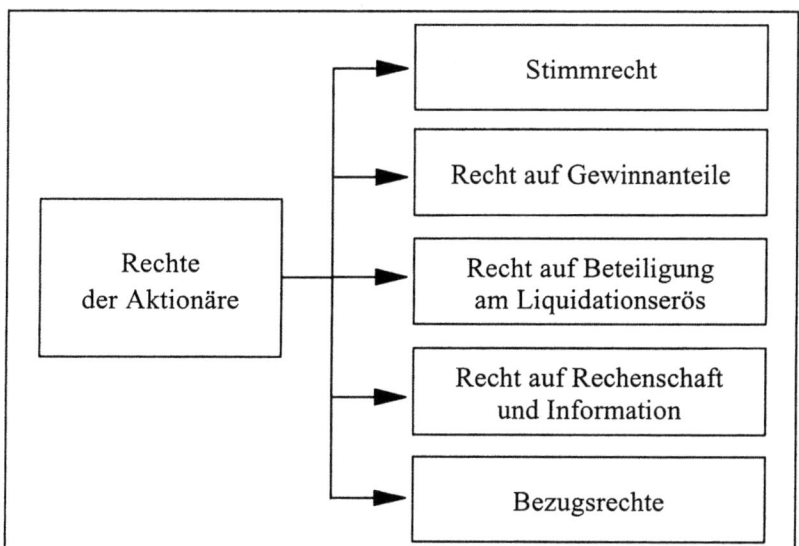

Abbildung 4.2: Aktionärsrechte

Das **Stimmrecht** berechtigt den Aktionär an der regelmäßig jährlich stattfindenden Hauptversammlung teilzunehmen. Dort kann er bei Abstimmungen mitwirken und in Abhängigkeit von der Anzahl an Aktien, die er besitzt, Stimmen abgeben. Dies sichert ihm die Wahrung seiner Eigentümerinteressen, weil ihm damit die Kontrolle des geschäftsführenden Vorstandes, die Bestellung des den Vorstand überwachenden Aufsichtsrates und die Mitbestimmung bei anderen wichtigen Einzelentscheidungen obliegen.

Neben seiner Chance, an einer positiven Kursentwicklung zu profitieren, ist der Aktionär berechtigt, gemäß seiner Beteiligungsquote (= Anzahl der Aktien, die er besitzt, in Relation zu allen ausgegebenen Aktien) an den Ausschüttungen der Gesellschaft (= Dividenden) zu partizipieren. Dieses **Recht auf Gewinnanteile** ist jedoch ein nachgeordneter Anspruch (Residualanspruch). Das bedeutet, dass der Aktionär sein Recht auf Gewinnausschüttung erst dann realisieren kann, wenn die Ansprüche aller anderen Kapitalgeber (z.B. Fremdkapitalgeber) bereits befriedigt worden sind. Weiterhin wird dieser Anspruch durch den Bilanzgewinn limitiert. In diesem Zusammenhang schreibt das Aktiengesetz vor, wie die Feststellung des Jahresüberschusses zu erfolgen hat und welche Aufsichtsrats- und Vorstandsentscheidungen im konkreten Fall Anwendung finden.

Das **Recht auf Liquidationserlös** sichert dem Aktionär zu, dass er, basierend auf seiner Beteiligungsquote, am Liquidationserlös des Unternehmens gemäß Aktiengesetz beteiligt wird. Bei diesem Recht handelt es sich ebenfalls um einen Residualanspruch. Erst wenn alle anderen Kapitalgeber befriedigt sind, kann der Aktionär seine Ansprüche geltend machen. Mit dem **Recht auf Rechenschaft und Information** kann der Aktionär an der Hauptversammlung teilnehmen; er hat das Antragsrecht und das Auskunftsrecht über Angelegenheiten der Gesellschaft sowie Anfechtungsrechte. Wie bereits erwähnt, dient insbesondere die Hauptversammlung zur Wahrung seiner Eigentümerinteressen. Hier wird über die namentliche Bestellung der Mitglieder des Aufsichtsrates, die Verwendung des Bilanzgewinns, Maßnahmen zur Kapitalherauf- bzw. -herabsetzung sowie die Auflösung der Gesellschaft entschieden. Führt ein Unternehmen Kapitalerhöhungen (= Ausweitung des Beteiligungskapitals) durch und werden zu diesem Zweck neue Aktien ausgegeben, besteht die Gefahr, dass sich die Beteiligungsquote der Aktionäre reduziert. Aus diesem Grund und wegen eines möglichen

Kursverfalls durch die Vergrößerung der Anzahl der im Umlauf befindlichen Aktien kann es zu Vermögenseinbußen für den Aktionär kommen. Um diese auszugleichen, existiert gemäß Aktiengesetz das Instrument des **Bezugsrechtes**. Es hat die Aufgabe, dafür Sorge zu tragen, dass der bereits am Unternehmen beteiligte Aktionär sich nach einer Änderung des Beteiligungskapitals nicht schlechter stellt als vorher.

Die Einflussmöglichkeiten eines Aktionärs auf eine Aktiengesellschaft sind an die Art und Anzahl der **Aktien** geknüpft, die er in seinem Besitz hat. Bei Aktien handelt es sich um Wertpapiere. Sie verkörpern Rechte und Pflichten, sie repräsentieren einen Anteil am Unternehmen und stellen, bei physischer Aushändigung, eine Urkunde dar. Aktien werden bei Unternehmensgründung, Umwandlung und Kapitalerhöhung emittiert. Sie lassen sich nach verschiedenen Kriterien gliedern:

- nach der Zerlegung des Grundkapitals in Stück-, Nennwert- oder Quotenaktien;
- nach der Übertragbarkeit in Inhaber- (Übertragung durch Einigung und Übergabe), Namens- (Übertragung wird im Aktienbuch vermerkt) und vinkulierte Namensaktien (Gesellschaft muss der Übertragung zustimmen);
- nach den mit den Aktien verbundenen Rechten in Stamm- (ausgestattet mit allen satzungsmäßigen Rechten) und Vorzugsaktien (ausgestattet mit bestimmten Vorzügen, z.B. höherer Dividendenanspruch);
- nach dem Ausgabezeitpunkt in alte und junge Aktien.

Da das Grundkapital durch die im Umlauf befindlichen Aktien repräsentiert wird, hat jede Veränderung des Grundkapitals Auswirkungen auf die bereits ausgegebenen Aktien. Davon betroffen sind vor allem die Mehrheitsverhältnisse und die Gewinnbeteiligung. Zu Veränderungen des Grundkapitals kommt es in Fällen von Gründungsfinanzierungen, Kapitalerhöhungen und Kapitalherabsetzungen.

Zur Gründung einer Aktiengesellschaft muss eine Einlage von mindestens € 50.000 geleistet werden. Diese Kapitalausstattung für die Gründungsfinanzierung stellt das Grundkapital der Gesellschaft dar. Beispiel 4.1 beschreibt den Gründungsvorgang einer Aktiengesellschaft.

Beispiel 4.1: Gründung einer Aktiengesellschaft

Die Start-up AG soll gegründet werden. Das Startkapital wird über die Ausgabe von 500.000 Nennwertaktien zu einem Nominalwert von € 1 finanziert. Dank positiver Reputation erzielen die Gesellschafter der AG einen Ausgabepreis der Aktien von € 1,50. Folglich fließen der Start-up AG € 750.000 zu, die auf dem Bankkonto verbucht werden. Die Gründungsbilanz des Unternehmens stellt sich folgendermaßen dar:

Tabelle 4.3: Gründungsbilanz der Start-up AG in €

Aktiva		Passiva	
Giroguthaben	750.000	Grundkapital	500.000
		Kapitalrücklage	250.000
	750.000		750.000

Der Liquiditätszufluss über € 750.000 wird in das Grundkapital und die Kapitalrücklage eingestellt. Der Teil der Gründungsfinanzierung, der durch die Summe der Nominalwerte der ausgegebenen Aktien repräsentiert wird (500.000 Aktien zu € 1 = € 500.000), wird in der Position Grundkapital ausgewiesen. Der den Nominalwert übersteigende Teil, das Agio (500.000 Aktien je € 0,50 = € 250.000), wird als Kapitalrücklage in der Bilanz dargestellt.

Von einer **Kapitalerhöhungen** spricht man, wenn die Beteiligungskapitalbasis erweitert wird. Als Motive für Kapitalerhöhungen werden regelmäßig die Verbreiterung der Eigenkapital- bzw. Haftungsbasis, die dadurch verbesserte Möglichkeit der Fremdkapitalbeschaffung, die Optimierung der Kapitalstruktur, eine starke Expansion der Unternehmenskapazitäten und die Beteiligung von bestimmten Stakeholdern (z.B. Mitarbeiter) an der Gesellschaft angeführt. Eine Kapitalerhöhung muss gemäß § 182 Abs. 2 AktG mit einer ¾-Mehrheit des in der Hauptversammlung anwesenden Aktienkapitals zugestimmt werden. Die Aktiengesellschaft hat die Möglichkeit, von verschienen Formen der Kapitalerhöhung Gebrauch zu machen. Abbildung 4.3 gibt eine Übersicht.

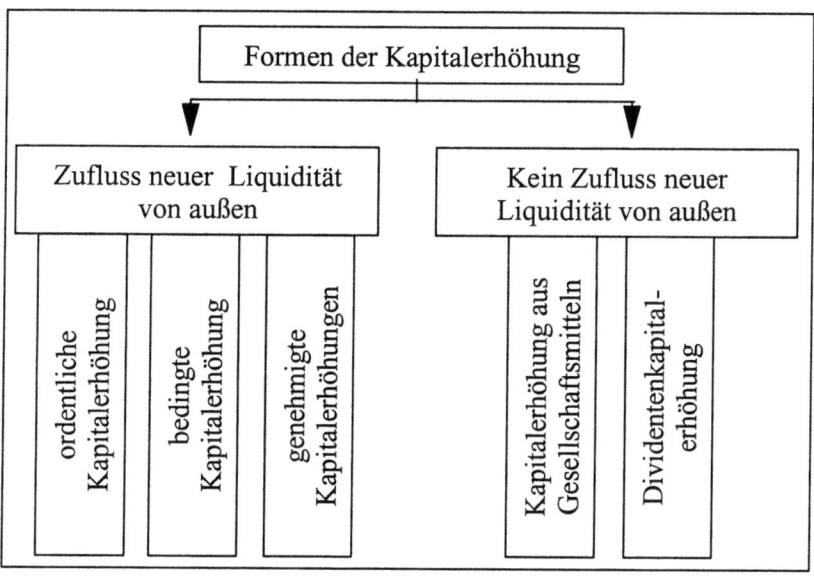

Abbildung 4.3: Formen der Kapitalerhöhung

Die **ordentliche Kapitalerhöhung** ist die gebräuchlichste Form der Kapitalerhöhung. Sie basiert auf einem Beschluss der Aktionäre, junge Aktien gegen Barzahlung oder Sacheinlagen zu emittieren. Die Höhe des Emissionsvolumens ist gesetzlich nicht limitiert. Unterpari-Emissionen lässt das Gesetz nicht zu, deshalb muss der Bezugskurs junger Aktien immer mindestens dem Nominalwert entsprechen. Das Ziel des Unternehmens wird die Erreichung eines möglichst hohen Emissionskurses sein, da auf diese Weise die Kosten der Eigenkapitalbeschaffung reduziert werden können und dem Unternehmen zusätzliche Liquidität zufließt. Die betragsmäßige Höchstgrenze des Emissionskurses wird durch den aktuellen Börsenkurs der im Umlauf befindlichen Aktien vorgegeben. Dennoch gilt, dass aus Anlegersicht die Zeichnung junger Aktien umso attraktiver wird, je geringer der Emissionspreis festgesetzt ist. Insofern stellt die Kursfindung ein fundamentales Entscheidungsproblem dar. Aus diesem Grund hat sich, vornehmlich bei Erstemissionen, das **Bookbuilding-Verfahren** etabliert. Dabei werden die Investoren direkt in die Emissionspreisbildung involviert. Das mehrstufige Verfahren stellt sicher, dass der Bookrunner (Konsortialführer) schon vor der endgültiger Veröffentlichung des Emissionspreises analysieren kann, zu welchen Preisen die Investoren welche Volumina ordern wollen. Die mit dem Verfahren verbundene Markttransparenz ist ein klarer Vorteil des Verfahrens. Dem steht jedoch der Nachteil sehr hoher Marketingkosten gegenüber. Die Durchführung einer ordentlichen Kapitalerhöhung, ihre Auswirkungen auf das Unternehmen sowie die Implikationen für den Aktionär demonstriert Beispiel 4.2.

Beispiel 4.2: Ordentliche Kapitalerhöhung einer Aktiengesellschaft

Der Geschäftsbetrieb der Start-up AG erfordert, trotz bereits aufgenommenen Fremdkapitals in Höhe von € 300.000, weiteres Kapital zur Finanzierung dringend notwendiger Kapazitätserweiterungsinvestitionen. Diese Investitionen belaufen sich auf € 2 Mio. und sollen zu 70 % eigen- und zu 30 % fremdfinanziert werden. Hierfür wurde bereits eine ordentliche Kapitalerhöhung genehmigt. Der Nominalwert der jungen Aktien bleibt bei € 1. Die Aktien notieren aktuell mit € 3,20. Da die Start-up AG ein gutes Standing im Markt hat, wird der Emissionspreis der jungen Aktien auf € 2 festgesetzt. Vor der Kapitalerhöhung hat das Bilanzbild der Start-up AG folgendes Aussehen:

Tabelle 4.4: Bilanz der Start-up AG vor Kapitalerhöhung in €

Aktiva		Passiva	
Vermögen	750.000	Grundkapital	500.000
Giroguthaben	300.000	Kapitalrücklage	250.000
		Verbindlichk.	300.000
	1.050.000		1.050.000

Der Zufluss an Finanzmitteln durch die Eigen- und Fremdfinanzierung beträgt € 2 Mio. 30 %, also € 600.000, entfallen auf die Verbindlichkeiten. Folglich werden € 1,4 Mio. durch Eigenkapital finanziert. Da der Emissionspreis € 2 beträgt, wird die Start-up AG 700.000 junge Aktien herausgeben. Die Summe der Nominalwerte in Höhe von € 700.000 fließt ins Grundkapital. Das Agio in Höhe von ebenfalls € 700.000 wird in der Position Kapitalrücklage ausgewiesen. Das ergibt folgendes Bilanzbild nach Durchführung der Kapitalerhöhung:

Tabelle 4.5: Bilanz der Start-up AG vor Kapitalerhöhung

Aktiva		Passiva	
Vermögen	750.000	Grundkapital	1.200.000
Giroguthaben	2.300.000	Kapitalrücklage	950.000
		Verbindlichk.	900.000
	3.050.000		3.050.000

Um auch nach der Kapitalerhöhungen die Vermögensposition des Altaktionärs aufrechtzuerhalten und seine Beteiligungsquote am bisherigen Grundkapital zu wahren, kommt das Bezugsrecht zum Tragen. Dem Altaktionär wird ein Teil der Neuemissionen angeboten, der es ihm ermöglicht, seinen bestehenden Kapitalanteil zu halten. Der Wert des Bezugsrechts (BR), das auch verkauft werden kann, wird wie folgt ermittelt:

$$BR = K_a - K_M$$

$$K_M = \frac{K_a * n_a + K_{EM} * n_j}{n_a + n_j}.$$

Der Wert des Bezugsrechts ergibt sich als Differenz zwischen dem Kurs der alten Aktien (K_a) und dem Mischkurs (K_M) nach der Neuemission. Der Mischkurs ergibt sich als gewogenes arithmetisches Mittel aus der Anzahl der alten Aktien (n_a), multipliziert mit dem Kurs der alten Aktien (K_a), zuzüglich dem Emissionskurs der jungen Aktien (K_{EM}), gewichtet mit der Anzahl der jungen Aktien (n_j) und bezogen auf die Anzahl der insgesamt ausstehenden Aktien.

Beispiel 4.3: Berechnung des Bezugsrechtswerts

Für die Annahmen aus Beispiel 4.2 ergibt sich ein Mischkurs von € 2,50.

$$K_M = \frac{3{,}20 * 500.000 + 2{,}00 * 700.000}{500.000 + 700.000} = 2{,}50$$

$BR = 3{,}20 - 2{,}50 = 0{,}70$.

Der Wert des Bezugsrechts (BR) beträgt € 0,70. Darüber hinaus kann es sinnvoll sein, das Bezugsverhältnis (BV) zu bestimmen. Es gibt an, wie viel Bezugsrechte gekauft werden müssen, um eine junge Aktie zu beziehen. Es berechnet sich als:

$$BV = \frac{n_a}{n_j} = \frac{500.000}{700.000} = \frac{5}{7}.$$

Demzufolge muss ein neuer Aktionär für sieben junge Aktien € 14 (sieben junge Aktien multipliziert mit dem Emissionskurs von € 2) zuzüglich fünf Bezugsrechte für € 3,50 (5 Bezugsrechte je € 0,70), also insgesamt € 17,50 aufwenden. Auf eine junge Aktie entfallen somit € 2,50, was dem Marktwert einer Aktie nach der Kapitalerhöhung entspricht.

Mithilfe des Bezugsrechts wird erreicht, dass weder der Alt- noch der Jungaktionär durch die Kapitalerhöhung besser oder schlechter gestellt wird. Dies lässt sich anhand der Vermögensposition des Altaktionärs vor und nach der Kapitalerhöhung erkennen. Für einen Aktionär, der 50 alte Aktien sowie € 1.000 in bar besitzt, gestaltet sich die Vermögensposition wie folgt:

Vermögensposition vor der Kapitalerhöhung:

50 Aktien je € 3,20	€	160,00
Bargeld	€	+ 1.000,00
Vermögen des Aktionärs	€	1.160,00

Entscheidet sich der Aktionär dafür, sein Bezugsrecht (5:7) auszuüben, dann ergibt sich:

Vermögensposition nach der Kapitalerhöhung und der Ausübung des Bezugsrechtes:

120 Aktien je € 2,50	€	300,00
(50 alte plus 70 junge Aktien)		
Bargeld (abzügl. 70 * 2 = 140		
Emissionswert der jungen Aktien	€ +	860,00
Vermögen des Aktionärs	€	1.160,00

Verkauft der Aktionär seine Bezugsrechte, ergibt sich folgende Vermögensposition:

Vermögensmögensposition nach der Kapitalerhöhung und dem Verkauf der Bezugsrechte:

50 Aktien je € 2,50	€	125,00
Bargeld (zuzügl. 50 * 0,70 = 35 aus dem		
Bezugsrechtsverkauf	€ +	1.035,00
Vermögen des Aktionärs	€	1.160,00

Wie im Beispiel gezeigt, haben die Altaktionäre durch das Bezugsrecht die Möglichkeit, ihre Vermögensposition sowie ihren Stimmrechtsanteil aufrechtzuerhalten. Es macht für den Aktionär keinen Unterschied, ob die jungen Aktien zu einem höheren oder niedrigeren Preis emittiert werden, da er in jedem Fall über das Bezugsrecht einen Ausgleich erhält und somit keinerlei finanzielle Schlechterstellung erfährt.

Möchte der Aktionär keine Barmittel aufwenden, um sich in vollem Umfang an der Kapitalerhöhung zu beteiligen, bietet ihm die **Opération blanche** einen Mittelweg zwischen Erhaltung und „bar bezahlter" Aufgabe seiner Stimmrechtsquote. Zielsetzung hierbei ist es, genau so viele Bezugsrechte zu verkaufen, dass er nur mit den hieraus gewonnenen Barmitteln den nicht veräußerten Teil seiner Bezugsrechte ausüben kann.

Beispiel 4.4: Opération blanche

Ausgehend von dem Aktionär aus Beispiel 4.2, der 50 Aktien und € 1.000 Bargeld besitzt, berechnet sich die Anzahl der zu beziehenden Aktien im Rahmen der Opération blanche (OB) wie folgt:

$$OB = \frac{\text{Anzahl gehaltener Aktien} * BR}{K_{EM} + BR * \frac{n_a}{n_j}} = \frac{50 * 0{,}70}{2{,}00 + 0{,}70 * \frac{5}{7}} = 14.$$

Auch die Opération blanche sichert dem Aktionär die Wahrung seiner Vermögensposition.

Vermögensmögensposition nach der Kapitalerhöhung und dem Verkauf der Bezugsrechte:

64 Aktien je € 2,50 (50 alte plus 14 über die Operation blanche)	€ 160,00
Bargeld	€ + 1.000,00
Vermögen des Aktionärs	€ 1.160,00

Obwohl der Altaktionär in jedem Fall seine Vermögensposition hält, hängt sein Anteil am Unternehmen davon ab, für welche der Handlungsalternativen er sich entscheidet. Nur wenn er die Emission mitmacht, bleiben seine Besitzanteile unverändert, in jedem anderen Fall reduziert sich sein Unternehmensanteil.

Die **bedingte Kapitalerhöhung** ist in §§ 192-201 AktG geregelt. Die Erhöhung des Eigenkapitals hängt hierbei von der Ausübung bestimmter Bezugs- und Umtauschrechte ab. Der Zweck, die Bezugsberechtigten sowie der Ausgabebetrag, der wie bei der genehmigten Kapitalerhöhung maximal die Hälfte des bisherigen Nennbetrages ausmachen darf, werden von der Hauptversammlung festgelegt. Die Durchführung einer bedingten Kapitalerhöhung ist an enge Vorgaben geknüpft:

- Gewährung von Umtausch- und Bezugsrechten an Gläubiger von Wandel- oder Optionsschuldverschreibungen
- Vorbereitung von Fusionen
- Gewähren von Bezugsrechten an die Mitarbeiter (Belegschaftsaktien).

Die **genehmigte Kapitalerhöhung** stellt gemäß Abbildung 4.4 die dritte Variante der Kapitalerhöhungen dar. Nach §§ 202-206 AktG erhält der Vorstand durch die Hauptversammlung die Genehmigung, das Grundkapital um einen bestimmten Nennbetrag (= genehmigtes Kapital) durch Emission neuer Aktien zu erhöhen. Dabei darf die Hälfte des Grundkapitals nicht überschritten werden. Die Eigenkapitalerhöhung muss in einem Zeitraum von maximal fünf Jahren nach der Genehmigung durch die Hauptversammlung erfolgen. Vorteile dieses Verfahrens sind:

- Betriebsnotwendiges Kapital wird erst dann beschafft, wenn es gebraucht wird.
- Der Vorstand kann den Zeitpunkt der Kapitalerhöhung frei wählen und somit günstige Kapitalmarktsituationen berücksichtigen.
- Der Vorstand hat eine hohe Dispositionsfreiheit, da zum Zeitpunkt der Kapitalerhöhung keine aufwändigen Formalien einzuhalten sind.

Im Gegensatz zu der ordentlichen, der genehmigten bzw. der bedingten Kapitalerhöhung erhält das Unternehmen bei der **Kapitalerhöhung aus Gesellschaftsmitteln** weder von außen noch von innen Zufluss an liquiden Mitteln. Nach §§ 207-220 AktG werden freie Rücklagen, die aus einbehaltenen Gewinnen resultieren, in Grundkapital umgewandelt. Es handelt sich um einen Passivtausch (Rücklagen gegen Grundkapital) innerhalb der Position Eigenkapital der Bilanz. Die Summe des Eigenkapitals bleibt identisch. Da das Grundkapital erhöht wird, ändert sich jedoch das Verhältnis von stimm- und dividendenberechtigtem Grundkapital. Um die Beteiligungsquote der Aktionäre aber nicht zu ändern, haben Aktionäre (§ 212 AktG) ein entsprechendes Bezugsrecht auf Zusatzaktien. Diese Zusatzaktien werden als Gratis- oder Berichtigungsaktien bezeichnet. Zur Wertermittlung des Bezugsrechts bei der Kapitalerhöhung aus Gesellschaftsmitteln wird der Emissionskurs der jungen Aktien mit Null angesetzt.

Beispiel 4.5: Kapitalerhöhung aus Gesellschaftsmitteln

> Ein Unternehmen erhöht sein Grundkapital im Rahmen einer Kapitalerhöhung aus Gesellschaftsmitteln um € 10 Mio. Dieser Betrag wird den Gewinnrücklagen entnommen. Das bilanzierte Eigenkapital des Unternehmens umfasst die Bilanzpositionen Grundkapital und Rücklagen. Das Bezugsverhältnis ist 1:1.

Tabelle 4.6: Bilanz vor der Kapitalerhöhung

Aktiva		Passiva	
Vermögen	40.000.000	Grundkapital	10.000.000
		Gewinnrücklagen	20.000.000
		Verbindlichkeiten	10.000.000
	40.000.000		40.000.000

Der rechnerische Kurs vor der Kapitalerhöhung, der Bilanzkurs (BK), wird wie folgt bestimmt:

$$BK = \frac{\text{bilanziertes Eigenkapital}}{\text{Grundkapital}} * 100$$

$$BK = \frac{30.000.000}{10.000.000} * 100 = 300\ \%.$$

Vor der Kapitalerhöhung beträgt der Bilanzkurs 300 %. Bezogen auf den Nennwert von € 1 liegt der Kurs bei € 3.

Nach der Kapitalerhöhung ergibt sich:

$$BK = \frac{30.000.000}{20.000.000} * 100 = 150\ \%.$$

Der Bilanzkurs liegt bei 150 %, was € 1,50 entspricht. Ein Aktionär, der vor der Kapitalerhöhung Inhaber von einer Aktie war, hatte ein Vermögen von € 3 (eine Aktie zu 300 %). Ohne Berücksichtigung seines Bezugsrechts würde sich sein Vermögen nur noch auf € 1,50 belaufen. Durch die Berichtigungsaktie (Bezugsverhältnis 1:1) wird aber seine Vermögensposition wiederhergestellt.

Die Bilanz des Unternehmens hat nach der Kapitalerhöhung folgendes Aussehen:

Tabelle 4.7: Bilanz nach der Kapitalerhöhung

Aktiva		Passiva	
Vermögen	40.000.000	Grundkapital	20.000.000
		Gewinnrücklagen	10.000.000
		Verbindlichkeiten	10.000.000
	40.000.000		40.000.000

Als Hauptgründe für die Durchführung einer Kapitalerhöhung aus Gesellschaftsmitteln werden Kurskorrekturen (zusätzliche Aktien verringern den Börsenkurs), Erhöhung des Haftungskapitals und die Vorbereitung einer Kapitalerhöhung (niedrigerer Kurs der alten Aktien erleichtert Kapitalerhöhung) genannt.

Die **Dividendenkapitalerhöhung** ist eher bekannt unter der Bezeichnung „Schütt-aus-hol-zurück"-Verfahren und soll hier nur der Vollständigkeit halber Erwähnung finden. Aufgrund von Besonderheiten in der Steuergesetzgebung kann es für eine Aktiengesellschaft attraktiver sein, Gewinne nicht in die Rücklagen einzustellen, sondern diese in Form von Dividenden an die Aktionäre auszuschütten („schütt-aus"). Die Aktionäre finanzieren die Zeichnung junger Aktien der Gesellschaft unter Verwendung dieser Dividendenerlöse („hol-zurück").

Sowohl die Gründungsfinanzierung als auch die Kapitalerhöhung bezwecken die Zuführung von Mitteln durch Bildung oder Ausweitung des Grundkapitals. Zu einer Veränderung des Grundkapitals kann es aber auch aufgrund einer **Kapitalherabsetzung,** also einer formalen Reduzierung des Eigenkapitals, kommen. Sie wird, von wenigen Ausnahmen abgesehen, dann realisiert, wenn die offenen und stillen Rücklagen vollständig aufgezehrt sind. Sie hat keinen Liquiditätseffekt, das heißt, es kommt nur zu einem buchmäßigen Ausgleich entstandener Verluste. Um den Geschäftsbetrieb des betroffenen Unternehmens jedoch weiter aufrechterhalten zu können, benötigt es neue Finanzkraft. Aus diesem Grund steht die Kapitalherabsetzung in der Regel in Verbindung mit sich direkt anschließenden Finanzierungsmaßnahmen, um das Unternehmen finanziell zu sanieren.

4.1.1.3 Moderne Formen der Beteiligungsfinanzierung

Innovative Unternehmen haben aufgrund der weniger etablierten Geschäftsideen und des damit verbundenen Investitionsrisikos Schwierigkeiten mit der Eigen- und Fremdkapitalbeschaffung. Deshalb wurden in jüngerer Zeit alternative Finanzierungsformen mit der Zielsetzung geschaffen, diesen Unternehmen Kapital zur Verfügung zu stellen. Venture-Capital und Business Angels ermöglichen eine Eigenkapitalbeschaffung auf Zeit.

Der Begriff **Venture-Capital** steht für Chancen- oder Risikokapital. Charakteristikum ist der im Zeitverlauf abnehmende Risikograd für dieses, einem neuen Unternehmen bereitgestellte Beteiligungskapital. Am Anfang ist das vom Unternehmen ausgehende Risiko sehr hoch. Es steht aber zu erwarten, dass dieses hohe Risiko durch überdurchschnittliche Gewinne überkompensiert werden kann. Die aufgenommenen Mittel werden nicht, wie beispielsweise bei einer Fremdfinanzierung inklusive Zinsen, zurückgezahlt, sondern es erfolgt eine Kapitalrückführung durch den regelmäßigen Verkauf von Kapitalanteilen des neuen Unternehmens. Das Engagement von Venture-Capital-Gesellschaften ist üblicherweise durch eine begrenzte Zeitdauer (drei bis acht Jahre) charakterisiert. In seltenen Fällen stellen die Gesellschaften das Kapital unbefristet zur Verfügung. Mit der Bereitstellung von Risikokapital wird zum einen eine solide Basis für Expansionen der neuen Unternehmen geschaffen, zum anderen aber auch die Möglichkeit zur Fremdkapitalaufnahme verbessert. Neben der finanziellen Unterstützung operieren die Venture-Capital-Gesellschaften häufig noch als betriebswirtschaftliche Berater. Durch den Wissenstransfer sollen ein solides Finanzmanagement, eine adäquate Organisation und ein funktionsfähiges Controlling gerade bei jüngeren Unternehmen ermöglicht werden. Dies liegt auch im Eigeninteresse der Venture-Capital-Geber, da hohe und kontinuierliche Wachstumsraten der neuen Unternehmen sich auch auf die Wertentwicklung ihrer Beteiligungsanteile niederschlagen. Präferierte Empfänger von Risikokapital sind Branchen wie die Biotechnologie, Informations- und Kommunikationstechnik.

Inhaltlich verfolgen **Business-Angels** die gleiche Zielsetzung wie Venture-Capital-Gesellschaften. Sie sind häufig Privatpersonen, die über ein umfassendes betriebswirtschaftliches und unter Umständen auch technisches

Know-how verfügen. Folglich engagieren sie sich ebenfalls als Berater und Kapitalgeber bei jungen, aufstrebenden Unternehmen. Über ihre Funktion als Kapitalgeber und Know-how-Vermittler hinaus verfügen sie oft auch noch über ein großes Netzwerk an Kontakten. Diese wiederum können beim Aufbau einer Kundenstruktur für das junge Unternehmen sehr hilfreich sein.

4.1.2 Fremdfinanzierung

Neben der Eigenfinanzierung fungiert die Fremdfinanzierung als Kapitalbeschaffungsquelle für Unternehmen. Fremdkapitalgeber oder Gläubiger stellen dem Unternehmen Kapital zur Verfügung und erhalten dafür Zinszahlungen sowie Rückzahlungen zu vereinbarten Zeitpunkten. Aufgrund der vertraglichen Zahlungsvereinbarungen tragen Fremdkapitalgeber in der Regel ein geringeres Risiko als Eigenkapitalgeber. Um ihr Risiko weiter zu reduzieren, verlangen Gläubiger häufig die Stellung von Sicherheiten durch das kapitalnehmende Unternehmen. Diese können bei ausbleibender vertragsgemäßer Rückführung der Fremdmittel von den Gläubigern verwertet und deren Forderungen aus den Verkaufserlösen, soweit die Deckung ausreicht, getilgt werden. Ebenfalls mit dem Ziel einer Risikobegrenzung werden die Kapitalnehmer auf ihre Kreditwürdigkeit hin überprüft, bevor einer Fremdmittelvergabe zugestimmt wird.

4.1.2.1 Die Kreditwürdigkeitsprüfung

Mit der Überprüfung der Kreditwürdigkeit will sich der potenzielle Fremdkapitalgeber ein Bild darüber machen, wie er das Kreditrisiko des möglichen Schuldners einzuschätzen hat. Hierzu wird die persönliche und finanzielle Situation des Kreditnehmers analysiert, d.h., seine **persönliche** und **materielle Kreditwürdigkeit** wird bewertet. Bei der persönlichen Kreditwürdigkeit spielen Aspekte wie die familiären Verhältnisse und die unternehmerischen Fähigkeiten des Schuldners, sein Karriereweg und auch seine Charaktermerkmale eine Rolle. Bei Unternehmen findet die so genannte Negativklausel Anwendung. Sie besagt, dass die persönliche Kreditwürdigkeit prinzipiell gegeben ist, wenn nicht de facto negative Informationen (z.B. Lastschrift- oder Scheckrückgaben, Pfändungsbeschlüsse) bekannt sind. Während bei der persönlichen Kreditwürdigkeitsprüfung eine gewisse Subjektivität nicht in Abrede gestellt werden kann, bedient sich die Prüfung zur Feststellung der materiellen Kreditwürdigkeit standardisierter und damit nachvollziehbarer Methoden.

Grundsätzlich ist ein Unternehmen kreditwürdig, wenn die zu erwartenden Erträge in einer vernünftigen Relation zu den fällig werdenden Zins- und Tilgungsleistungen stehen. Ob dieses Verhältnis „gesund" ist, wird durch Aus- und Bewertung der Erkenntnisse aus zwei Betrachtungselementen zu erreichen versucht. Das erste Element analysiert den Ist-Zustand. Zu diesem Zweck werden in erster Linie vergangenheitsorientierte Daten untersucht und ausgewertet. Das zweite Element stellt auf die Leistungs- und Weiterentwicklungsfähigkeit des Unternehmens ab. Hierbei werden Informationen über Marktentwicklung, Produktportfolio und resultierende Ertragserwartungen beurteilt. Die Kreditwürdigkeitsprüfung sollte im eigenen Interesse des Fremdkapitalgebers nicht nur zum Zwecke der Entscheidung über eine Kreditvergabe durchgeführt werden. Sowohl die persönliche als auch die materielle Kreditwürdigkeit kann während der Kreditlaufzeit Änderungen erfahren, was die ursprünglich zugrundegelegte Risikosituation vehement beeinflussen kann. Die Kreditwürdigkeit ist nicht zu verwechseln mit der Kreditfähigkeit. Die **Kreditfähigkeitsprüfung** untersucht, ob die rechtlichen Voraussetzungen für die Aufnahme von Fremdkapital bei der beantragenden natürlichen oder juristischen Person erfüllt sind.

4.1.2.2 Langfristige Fremdfinanzierung

Zur Systematisierung der Fremdfinanzierung wird primär das Merkmal der Fristigkeit benutzt. Dieser Abschnitt beschäftigt sich mit langfristigen Fremdfinanzierungsinstrumenten, deren vertraglich vereinbarte Laufzeit mehr als vier Jahre beträgt. **Langfristige Kredite** lassen sich in verschiedene Untergruppen zusammenfassen. Im Folgenden wird auf Darlehen, Schuldscheindarlehen, Anleihen und modernere Typen von Obligationen eingegangen.

Bei **Darlehen** handelt es sich um langfristige Finanzierungsinstrumente, die in der Regel von Kreditinstituten bereitgestellt werden.

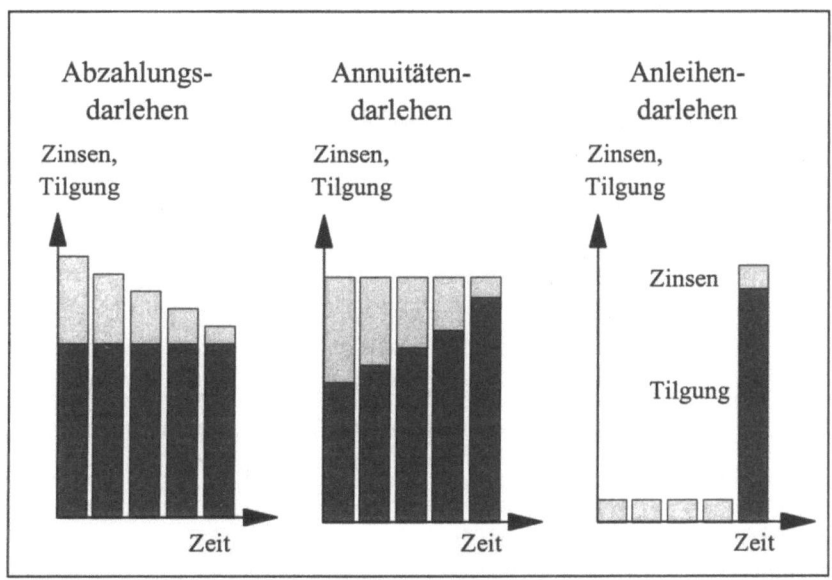

Abbildung 4.4: Zins- und Tilgungsmodalitäten bei Darlehen

Bezüglich der Zins- und Tilgungsmodalitäten sind die in Abbildung 4.4 gezeigten vertraglichen Vereinbarungen üblich. Beim Abzahlungsdarlehen ist der regelmäßig anfallende Tilgungsbetrag gleich hoch. Durch die sukzessive Darlehensrückführung geht die periodische Zinsforderung zurück. Folglich reduziert sich auch der monatliche oder jährliche Belastungsbetrag. In Analogie zum Abzahlungsdarlehen ist die jährliche oder monatliche Rate beim Annuitätendarlehen ebenfalls aus einer Zins- und einer Tilgungskomponente zusammengesetzt, macht aber während der gesamten Darlehenslaufzeit immer den gleichen Betrag aus. Die Erklärung hierfür ist, dass zu Beginn der Darlehenslaufzeit der Zinsanteil hoch und der Tilgungsanteil niedrig ist. Da die Darlehenssumme mit jeder geleisteten Rate reduziert wird, sinkt automatisch auch der vom Darlehensgeber geforderte jährliche oder monatliche Zinsbetrag. Das Weniger an Zinsen in jeder Annuität wird durch ein Mehr an Tilgung aufgefüllt, sodass die gesamte Rate immer gleich hoch bleibt. Beim Festdarlehen werden während der Laufzeit nur Zinszahlungen in gleicher Höhe geleistet. Die Tilgung erfolgt in einem Betrag am Ende der Darlehenslaufzeit zusammen mit der letzten Zinszahlung.

Darlehen werden hauptsächlich von kleineren und mittelständischen Unternehmen als Finanzierungsinstrumente genutzt. Darlehen werden nicht an der Börse gehandelt. Sie weisen daher eine geringe Fungibilität auf, weil ein Darlehen nicht gestückelt werden kann. Die Besicherung der Darlehen ist individuell verschieden. Zumeist werden Sachsicherheiten an beweglichen oder unbeweglichen Sachen sowie an Rechten vertraglich hinterlegt. Daneben besteht auch die Möglichkeit, Personensicherheiten, Bürgschaft, Garantie u.a.) als Kreditsicherheit zu hinterlegen.

Ein **Schuldscheindarlehen** stellt eine langfristige, individuelle Kreditgewährung dar. Verträge für Schuldscheindarlehen werden direkt zwischen dem Kapitalgeber- und -nehmer abgeschlossen. Als Kapitalgeber treten häufig Kapitalsammelstellen, insbesondere die privaten und öffentlich-rechtlichen Versicherungsunternehmen auf. Der Hauptunterschied zum Darlehen ist die Ausgabe eines Schuldscheins, der dem Gläubiger als Quittung dient, dass der Schuldner das Kapital erhalten hat. Es handelt sich also nicht um ein Wertpapier. Damit wird deutlich, dass das Schuldscheindarlehen ein Vertrag ist, der ebenfalls unter Ausschaltung der Börse direkt zwischen Gläubiger und Schuldner abgeschlossen wird. Folglich ist auch beim Schuldscheindarlehen von geringer Fungibilität auszugehen. Kreditgeber sind in der Regel die Kapitalsammelstellen. Schuldscheindarlehen sind durch folgende wesentliche Ausgestaltungsmerkmale charakterisiert:

- Das Zinsniveau liegt meistens 0,1 bis 0,5 Prozent über dem einer vergleichbaren (Industrie-) Anleihe
- Die Laufzeiten variieren zwischen 4 und 15 Jahren
- Ein Mindestbetrag besteht nicht, in der Praxis sind jedoch Beträge von € 500.000 und darüber üblich
- Die Tilgung wird meist ratenweise nach einigen tilgungsfreien Perioden geleistet
- Kündigungen sind nur in Ausnahmefällen möglich
- Die Kreditbesicherung erfolgt in aller Regel durch erstrangige Grundpfandrechte.

Schuldscheindarlehen werden börsengehandelten Industrieanleihen häufig deshalb vorgezogen, weil die mit der Emission einer Anleihe verbundenen Kosten den Zinsvorteil der Anleihe reduzieren und deshalb erst mit steigenden Anleihevolumen interessant sind. Weitere Gründe für die Aufnahme eines Schuldscheindarlehens sind die relativ hohe Flexibilität in der Kreditinanspruchnahme und die Vermeidung von Publizitätspflichten, die bei anderen Finanzierungsinstrumenten erforderlich werden.

Anleihen sind an der Börse frei handelbare Fremdfinanzierungsinstrumente. Sie sind durch eine sehr große Fungibilität gekennzeichnet. Anleihen werden üblicherweise in Stückelungen zu € 100 emittiert. Hervorzuheben ist die Risikostreuung, weil bei Anleihen der gesamte Markt als Kapitalgeber fungiert. Diese Risikoaufteilung erklärt auch, warum Anleihen in der Regel einen niedrigeren Nominalzins aufweisen als vergleichbare Darlehen. Die Ausgestaltungsmerkmale von Anleihen sind:

- Ausgabe- und Rückzahlungskurs
- Verzinsung
- Laufzeit und Kündigung
- Tilgungsmodalitäten
- Besicherung.

Der Kurs einer Anleihe wird in Prozent notiert. Liegt der **Ausgabekurs** über 100 % wird eine Anleihe *über pari*, liegt er unter 100 % wird sie *unter pari* emittiert. Eine Über-pari-Emission führt zu einem Agio (= Aufgeld), der umgekehrte Fall zu einem Disagio (= Abgeld). Mit der Festlegung der Nominalverzinsung vor dem Emissionszeitpunkt wird eine erste Anpassung der Anleihekonditionen an das herrschende Marktzinsniveau vorgenommen. Der Ausgabekurs der Anleihe zum Emissionszeitpunkt dient dann der Feinjustierung des Zinsniveaus. Die Verzinsung von Anleihen bleibt während ihrer gesamten Laufzeit unverändert. Der **Nominalzins** verkörpert einen festen, durch den Zinscoupon festgelegten Anspruch des Gläubigers auf Zinszahlungen, unabhängig von der Erfolgssituation des Anleiheschuldners. Sowohl Unter-pari- wie auch Über-pari-Emissionen führen zu einer Abweichung zwischen Nominal- und Effektivverzinsung der Anleihe. Die **Effektivverzinsung** repräsentiert die tatsächliche Rendite des Gläubigers. Nur zum Emissionszeitpunkt entspricht sie zudem den Kapitalkosten des Schuldners. Spätere Abweichungen zwischen Nominal- und Effektivzins tangieren die Kapitalkosten nicht mehr, da die Anleihe zu den einmal festgelegten Bedingungen abgewickelt wird.

Neben der Verzinsung entstehen dem Emittenten der Anleihe weitere Kosten, die einmalig (beispielsweise Börseneinführungsprovision, Börsenzulassungsgebühr, Druck- und Veröffentlichungskosten) oder laufend (wie z.B. Kuponeinlösungskosten) anfallen können. Im Beispiel 4.6 wird die Berechnung des Anleihekurses in Abhängigkeit von Nominalzins, Marktzins, Rückzahlungskurs und Restlaufzeit der Anleihe demonstriert.

Beispiel 4.6: Kursberechnung einer Anleihe

Ein Kapitalanleger erwirbt am 10.01.2002 eine Anleihe aus einer Neuemission. Der angegebene Nominalzins beträgt 7 %, die Laufzeit zehn Jahre. Vergleichbare Anleihen werden am Markt zu diesem Zeitpunkt ebenfalls zu 7 % gehandelt, weshalb die Anleihe zu einem Ausgabekurs von 100 % emittiert wird. Die Rückzahlung der Anleihe erfolgt zu pari. Zinszahlungen werden jeweils am 10.01. eines jeden Jahres geleistet. Aufgrund von schlechter Stimmung auf den Aktienmärkten steigt, kurz nach dem Erwerb der Anleihe, der Marktzins um 0,5 %. Der neue Kurs der Anleihe (K_A), der dem Barwert der Rückzahlung zuzüglich dem Barwert der jährlichen Zinszahlungen entspricht, ermittelt sich wie folgt:

$$K_A = \frac{RK}{(1+i_M)^n} + \sum_{t=1}^{n} \frac{i_N}{(1+i_M)^t}.$$

Es gilt: RK = Rückzahlungskurs, i_M = Marktzins, i_N = Nominalzins und n = Restlaufzeit der Anleihe.

Der Kurswert der Anleihe beträgt:

$$K_A = \frac{100\%}{(1+7,5\%)^{10}} + \sum_{t=1}^{10} \frac{7\%}{(1+7,5\%)^t} = 91,524 \%.$$

Folglich ist für den Anleger durch die Marktzinserhöhung ein Verlust in Höhe von 8,476 % entstanden.

Die **Laufzeiten** von Anleihen erstrecken sich zumeist über Zeiträume von zehn Jahren und darüber. Massive Zinsschwankungen oder stärkere Inflationstendenzen können zu kürzeren Laufzeiten führen, weil die Reduzierung der realen Rendite eine häufige Folge von solchen Entwicklungen ist. Dies setzt voraus, dass die Anleiheschuldner ihr Recht zur **Kündigung** der Anleihe, zum verstärkten Rückkauf oder zur vorzeitigen Auslosung (vorzeitig zu tilgende Papiere werden per Losverfahren bestimmt) wahrnehmen. Als **Tilgungsmodalitäten** sind im Wesentlichen das Verfahren der Tilgung am Ende der Laufzeit, Tilgung in einem Betrag nach Kündigung, Ratentilgung, Tilgung durch gleich bleibende Annuitäten bzw. Tilgung durch freihändigen Rückkauf an der Börse bekannt. Zur **Besicherung** von Anleihen dienen in erster Linie Grundpfandrechte, Bürgschaften der öffentlichen Hand und bestimmte Sicherungsklauseln (z.B. Verpflichtung zur Einhaltung bestimmter Bilanzkennzahlen).

In Deutschland wurde der Anleihenmarkt lange Zeit von staatlichen Anleihen und von durch Hypothekenbanken herausgegeben Pfandbriefen dominiert. **Modernere Typen von Anleihen** waren nahezu unbekannt. Im Vergleich hierzu spielt in den USA die Fremdfinanzierung durch Anleihen eine wesentlich bedeutungsvollere Rolle. Ende des vergangenen Jahrhunderts betrug die Quote der Anleihen an der Fremdfinanzierung in den USA ca. 60 %, während in Europa ein Durchschnittswert von ungefähr 10 % vorherrschte. Im Zuge der fortschreitenden Internationalisierung werden neuere Typen von Anleihen als Finanzierungsinstrumente auch in deutschen Unternehmen verstärkt genutzt. Eine Auswahl dieser moderneren Anleihen wird nachfolgend kurz vorgestellt.

- **Floating-Rate-Notes** sind Anleihen mit einer variablen Verzinsung, das heißt, die Zinssätze werden für die kommenden drei oder sechs Monate fixiert. Sie sind aber an einen Referenzzinssatz, wie den EURIBOR (European Interbank Offered Rate), gekoppelt. Dieser täglich für kurze Laufzeiten fixierte Zinssatz errechnet sich als ungewichteter Durchschnitt von Zinssätzen, die von 60 angeschlossenen Referenzbanken aus aller Welt ihren Kunden gestellt werden. Durch die variablen Zinsanpassungen entsteht ein Zinsänderungsrisiko. Um dieses Risiko zu limitieren, können bei Floating-Rate-Notes häufig Zinsobergrenzen (Caps) und Zinsuntergrenzen (Floors) vereinbart werden. Der Cap schützt den

Schuldner vor einem zu stark steigenden Zinsniveau, während der Floor den Anleger vor zu stark fallenden Zinsen bewahren soll.
- **Zero-Bonds** oder Null-Kupon-Anleihen sind dadurch gekennzeichnet, dass während der Laufzeit keine Zinszahlungen geleistet werden. Erst bei Endfälligkeit der Anlage werden angesammelte Zinsen und Zinseszinsen mitsamt der Rückzahlungssumme ausgezahlt. Einen echten Zero-Bond erwirbt der Anleger zu einem abgezinsten Ausgabekurs, die Rückzahlung erfolgt zu pari. Aus der unternehmerischen Perspektive führen Zero-Bonds zu einer erheblichen Liquiditätsentlastung, weil keine laufenden Zinszahlungen anfallen. Zudem entfallen Kosten wie Verwaltungs- und Provisionsgebühren für die Kuponeinlösungen.
- **Multi-Currency-Notes** sind Anleihen, bei denen die Kapitalaufnahme in einer anderen Währung erfolgt als die Kapitalrückzahlung. Die Zinsen können je nach Ausgestaltung der Anleihe in der einen oder anderen Währung bezahlt werden. Die Motivation für den Emittenten einer Doppelwährungsanleihe liegt in der Ausschaltung von Wechselkursrisiken begründet.

4.1.2.3 Kurz- und mittelfristige Fremdfinanzierung

Kurz- und mittelfristige Finanzierungsmittel sind die häufigsten Finanzierungsinstrumente, weil sie zur Bezahlung von Verbindlichkeiten aus Lieferungen und Leistungen und somit zur Finanzierung des operativen Geschäftsbetriebes genutzt werden.

Tabelle 4.8: Einteilung kurz- und mittelfristiger Finanzierungsinstrumente

Instrumente der kurz- und mittelfristigen Fremdfinanzierung			
Unverbrieft			Verbrieft
von Geschäftspartnern	von Finanzinstituten		
	Geldleihe	Kreditleihe	
• Lieferantenkredit • Kundenkredit	• Kontokorrentkredit • Lombardkredit	• Akzeptkredit • Avalkredit	• Euro-Note • Commercial-Paper • Medium-Term-Note

In Tabelle 4.8 wird eine Einteilung der kurz- und mittelfristigen Kreditformen nach verschiedenen Merkmalen vorgenommen. Das Hauptunterscheidungskriterium stellt die Besicherung, d.h. die Frage der Verbriefung von Forderungen dar. Von einem verbrieften Finanzierungsmittel spricht man, wenn es in ein Wertpapier eingekleidet ist. Ist das nicht der Fall, wird es als unverbrieft bezeichnet.

Beim **Lieferantenkredit** räumt der Lieferant seinem Abnehmer ein Zahlungsziel ein. Konsequenz hieraus ist, dass die Zahlung der erhaltenen Leistung zeitlich verzögert stattfindet. Die Initiative für die Gewährung eines Lieferantenkredites kann vom Lieferanten, im Rahmen seiner absatzpolitischen Maßnahmen, ausgehen. Dieser nutzt den Lieferantenkredit als wesentlichen Bestandteil der Kontrahierungspolitik im Rahmen des Marketing Mix. Seine Erwartungshaltung ist hierbei, dass der Kunde aufgrund des gewährten Zahlungsaufschubs auch künftige Geschäfte mit ihm abwickeln wird. Die Stundung des Kaufpreises gestaltet sich entweder in der Form eines Buchkredits oder als Wechselkredit. Beim Buchkredit wird das Debitorenkonto beim liefernden Unternehmen, und das Kreditorenkonto beim Warenempfänger gebucht. Der Wechselkredit entsteht durch die Akzeptierung eines der Rechnung beigefügten Wechsels. Die Tilgung des Lieferantenkredits kann ganz oder teilweise durch die Umsatzerlöse aus der gelieferten Ware erfolgen. Lieferantenkredite werden häufig in Ermangelung alternativer Finanzierungsmöglichkeiten trotz der damit verbundenen relativ hohen Kosten in Anspruch genommen.

Beispiel 4.6: Lieferantenkredit

> Ein mittelständisches Unternehmen erhält eine Warenlieferung im Wert von € 10.000. Die Rechnung ist unter Abzug von 2,5 % Skonto innerhalb von fünf Tagen zu zahlen, ansonsten rein netto innerhalb von 30 Tagen zu begleichen. Die Finanzabteilung überlegt, wie sie sich entscheiden soll.
> Der Jahreszins ergibt sich als:
>
> $$r = \frac{S * 360}{z - s},$$

mit r = Jahreszinssatz in %, S = Skontosatz, z = Zahlungsziel und s = Skontofrist.

Das Unternehmen hat die Auswahl, innerhalb von fünf Tagen € 9.750 zu bezahlen, also 2,5 % in Abzug zu bringen oder nach 30 Tagen € 10.000. Nimmt es den Lieferantenkredit in Anspruch, gilt für das Unternehmen der zu berechnenden Zinssatz für die Nichtausnutzung des Skontos:

$$r = \frac{2,5\% * 360}{30 - 5} = 36\ \%$$

Im Umkehrschluss muss die Finanzabteilung prüfen, ob sie kurzfristige Mittel nicht günstiger als zu einem Jahreszins von 36 % aufnehmen kann. Ist das der Fall, soll sie vom Skonto Gebrauch machen.

Ein **Kundenkredit** entsteht durch teilweise oder vollständige Vorauszahlung für ein Produkt oder eine Dienstleistung durch den Empfänger. Primär findet der Kundenkredit im Wohnungs-, Maschinen- und Schiffsbau Anwendung. Kundenkredite sind häufig als Zahlungsplan in Stufen ausgestaltet. Zahlungen werden immer dann getätigt, wenn bestimmte Teilleistungen erbracht worden sind. Neben dem Finanzierungsmotiv dienen die Vorauszahlungen auch der Risikoverminderung für den Lieferanten. Die Vorauszahlungen sollen sicherstellen, dass der Auftraggeber seine bestellte Ware abnimmt und Zahlungen wie vereinbart leistet.

Der **Kontokorrentkredit** wird von Kreditinstituten als Geldleihe zur Verfügung gestellt. Bei einer Geldleihe erhält der Kreditnehmer Zahlungsmittel in Form von Bar- oder Buchgeld. Über einen Kontokorrentkredit („conto corrente" = italienisch für „laufende Rechnung") verfügen fast ausnahmslos alle Unternehmen. Die §§ 355-357 HGB und §§ 607-610 BGB bilden die rechtliche Grundlage für diesen Fremdfinanzierungstyp. Als juristische Merkmale müssen herausgestellt werden:

- Mindestens einer der Kreditpartner ist Vollkaufmann (in der Regel die Bank)

- Gegenseitige Verrechnung beiderseitiger Ansprüche
- Maßgeblichkeit des Saldos für die Abrechnung des Kontokorrentkontos
- Ermittlung des sich ergebenden Saldos (Überschuss) in regelmäßigen Abständen.

Der Kontokorrentkredit wird primär zur Finanzierung des laufenden Geschäftsbetriebs (wie z.B. Warenumschlag, Produktion, Lagerbewegungen) in Anspruch genommen. Er wird auf einem Kontokorrentkonto (Girokonto) als von der Bank zugesagte Kreditlinie (= Kreditlimit) zur Verfügung gestellt. Bis zu diesem Limit darf das Kontokorrentkonto einen Sollsaldo aufweisen, also überzogen werden. Aus diesem Grund ist der Kontokorrentkredit ein sehr flexibles Kreditmittel. Sowohl die fehlende Zweckgebundenheit der Inanspruchnahme als auch die dem Unternehmen zur Verfügung stehende Liquiditätsreserve in Höhe der nicht genutzten Kreditlinie sind weitere Vorteile dieses Finanzierungsinstrumentes. Dem gegenüber stehen allerdings relativ hohe Kosten, die sich aus Sollzinsen für die Inanspruchnahme, Bereitstellungsprovision für die Kreditlinie, Umsatzprovision, Kontoführungsgebühren und, im Falle der Überschreitung der Kreditlinie, einer Überziehungsprovision zusammensetzen. Besichert werden Kontokorrentkredite häufig durch Verpfändung von Gegenständen an die Bank, Abtretung von Forderungen, Sicherungsübereignung von Waren und/oder Bürgschaften.

Beim **Lombardkredit** wird ein kurzfristiges Darlehen gegen Verpfändung beweglicher, marktgängiger Vermögensobjekte (in der Regel Wertpapiere, Wechsel oder auch Edelmetalle und Waren) bereitgestellt. Lombardkredite werden häufig genutzt, um oft nur wenige Tage dauernde finanzielle Engpässe zu überbrücken. Hat ein Unternehmen kurzfristigen Finanzbedarf in einer ungünstigen Börsensituation, stellt es sich durch die Inanspruchnahme eines Lombardkredites unter anderem besser, weil es dann Wertpapiere nicht mit Kursverlusten verkaufen muss. Die relativ hohen Kosten für einen Lombardkredit umfassen einen Sollzinssatz, der sich am Lombardsatz der Bundesbank orientiert, und eine Kreditprovision.

Im Gegensatz zu den beiden vorgenannten Finanzierungsinstrumenten handelt es sich beim **Akzeptkredit** nicht um eine Geld-, sondern eine Kreditleihe. Dem Unternehmen wird hierbei kein Kapital durch den Kreditgeber zugeführt, sondern Banken stellen dem Kreditnehmer ihre „einwandfreie" Kreditwürdigkeit zur Verfügung, wofür dieser eine Risikoprämie entrichten muss. Zu Finanzierungszwecken kann dieser Wechsel durch Weitergabe an Lieferanten, zur Diskontierung beim akzeptierenden oder einem anderen Kreditinstitut genutzt werden. Im Innenverhältnis muss der Bankkunde die Wechselsumme am Fälligkeitstag bereitstellen. Für die Inanspruchnahme eines Akzeptkredits fallen eine Akzeptprovision und eine Bearbeitungsgebühr an.

Ebenfalls eine Kreditleihe ist der **Avalkredit**, der in den §§ 765-778 BGB und §§ 349-351 HGB gesetzlich geregelt ist. Hierbei übernimmt ein Kreditinstitut eine Bürgschaft oder Garantie für eine Verbindlichkeit eines Kunden. Die Bürgschaft ist akzessorisch, das heißt, sie gilt nur in Zusammenhang mit einer konkreten Forderung, was bei einer Garantie (nichtakzessorisch) nicht der Fall ist. Avalkredite sind meistens nicht mit einer festen Laufzeit ausgestattet. Als Kosten entsteht eine Avalprovision, die in der Regel zwischen 0,25 % und 2,5 % des vereinbarten Bürgschafts- oder Garantiebetrages ausmacht.

Verbriefte Direktfinanzierungen werden vorwiegend auf den Euromärkten abgewickelt. Dies sind internationale Kreditmärkte mit verschiedenen Teilmärkten, auf denen verbriefte Kredite in Währungen außerhalb ihres jeweiligen Geltungsbereichs gehandelt werden. Motive für kreditsuchende Unternehmen, sich Kapital auf diesen Märkten zu beschaffen, sind insbesondere Zinsdifferenzen zu nationalen Kapitalmärkten und steuerliche Aspekte. Bei **Euro-Notes** handelt es sich um nicht börsennotierte Kurzläufer. Diese Inhaberschuldverschreibungen werden am Euro-Geldmarkt gehandelt. Sie sind in der Regel unbesichert und weisen Laufzeiten bis zu 12 Monaten auf. Ihr fester Zinssatz orientiert sich zumeist am EURIBOR, zu- oder abzüglich einer bestimmten Marge in Abhängigkeit von der Bonität des Schuldners. Die Emission von Euro-Notes erfolgt im Rahmen von Finanzierungsprogrammen. Sie sind eine Art Daueremissionen. Ein Arrangeur übernimmt hierbei die Aufgabe der Emissionsvorbereitung, Vertragsdokumentation und stellt die Gruppe der Underwriter (Risikoträger) und Platzeure (Vertriebsbeauftragte) zusammen.

Vom Finanzierungscharakter her sind die aus den USA kommenden **Commercial-Papers** mit Euro-Notes vergleichbar. Die Laufzeiten von Commercial Paper werden mit zwei Monaten bis sieben Jahren angegeben. Ihre Verzinsung orientiert sich an den Geldmarktreferenzsätzen. Sie werden meistens in abdiskontierter Form emittiert.

Kennzeichen der **Medium-Term-Notes** sind Laufzeiten von zwei bis fünf Jahren. Juristisch gesehen handelt es sich um in der Regel unbesicherte Inhaberschuldverschreibungen. Die Akteure bei der Emission von Medium-Term-Notes sind in Analogie zu den Euro-Notes und dem Commercial-Paper der Arrangeur, die Underwriter und die Platzeure. Auch das Emissionsverfahren ähnelt sich zum größten Teil.

4.1.3 Mischformen der Beteiligungs- und Fremdfinanzierung

Die Beteiligungs- und Fremdfinanzierung deckt die idealtypischen Formen der Außenfinanzierung ab. Dennoch existieren Finanzierungsinstrumente, die sich weder der einen noch der anderen Gruppe klar zuordnen lassen. Dies liegt vor allem daran, dass sie nach juristischen Gesichtspunkten sowohl beteiligungskapital- wie auch fremdkapitaltypische Komponenten enthalten oder aber aus ökonomischer Betrachtung mit Merkmalen ausgestattet sind, die ebenfalls auf beide vorgenannte Gruppen zutreffen.

Genussscheine sind in der Regel mit unterschiedlichen Vermögens-, aber keinerlei Mitgliedsrechten ausgestattet. Sie verbriefen Gläubigerrechte, wie einen bestimmten Anteil am Reingewinn oder einen Anteil am Liquidationserlös. Juristisch gesehen stellen sie eine reine Fremdfinanzierung dar, ökonomisch hingegen ist eine klare Zuordnung zur Beteiligungs- oder Fremdfinanzierung sehr schwierig. Dies wird auch an der bilanziellen Behandlung von Genussscheinen deutlich. Das Genussscheinkapital wird hinter dem Eigenkapital und vor den Sonderposten mit Rücklagenanteil gezeigt. Als Motivation für die Emission von Genussscheinen sind insbesondere auch steuerliche Gründe zu nennen. Unter bestimmten Voraussetzungen wird dieses Finanzierungsinstrument steuerrechtlich wie Fremdkapital behandelt, was dem Unternehmen eine Reihe von Einsparungsmöglichkeiten im Vergleich zur Beteiligungsfinanzierung eröffnet. Die Ausgabe von

Genussscheinen ist rechtsformunabhängig, bedarf aber im Falle einer Aktiengesellschaft eines ¾-Mehrheitsbeschlusses der Hauptversammlung (§ 221 Abs. 3 AktG).

Bei **Gewinnschuldverschreibungen,** in der Praxis zur Zeit noch selten, ist der Erwerber Fremdkapitalgeber. Im Gegensatz zu einer reinen Fremdfinanzierung in Form einer Anleihe hat der Inhaber einer Gewinnschuldverschreibung einen laufenden Bedienungsanspruch an der Gewinnsituation des emittierenden Unternehmens. Unterschieden werden der Participating Bond und der Income Bond. Beim ersten erhält der Gläubiger analog einer Anleihe einen fixierten Zins. Zu dieser Mindestverzinsung wird ihm noch in Abhängigkeit von der Gewinnsituation des Unternehmens eine Art Dividende gezahlt. Beim Income Bond hat der Gläubiger ausschließlich Anspruch auf eine erfolgsabhängige Verzinsung. Sein Risiko-Chancen-Profil ist mit dem eines Aktionärs vergleichbar.

Zwingende Voraussetzungen für die Emission von **Wandelschuldverschreibungen** (eine mit Zusatzrechten ausgestattet Schuldverschreibung) sind eine ¾-Mehrheit der Hauptversammlung, eine in der Höhe des von den Gläubigern der Wandelschuldverschreibung beanspruchbare bedingte Kapitalerhöhung und die Einräumung von Bezugsrechten für die Aktionäre. Gemäß § 221 AktG sind zwei Varianten zu unterscheiden:

- Wandelanleihe oder Convertible Bond. Zusatzrecht auf Umtausch von Teilschuldverschreibungen in Aktien
- Optionsanleihe oder Stock Warrant Bond. Zusatzrecht auf Bezug von Aktien mittels Optionsschein.

Macht der Inhaber einer **Wandelanleihe** von seinem Wandlungsrecht Gebrauch, tauscht er seine vormalige Anleihe (Fremdkapital) in Aktien (Beteiligungskapital) um. Hieraus geht klar hervor, warum dieses Instrument als Mischform einzustufen ist. Neben den bekannten Ausstattungseigenschaften einer Anleihe ist die Wandelanleihe durch zusätzliche Merkmale gekennzeichnet. Dazu zählen das Bezugsverhältnis und das Wandlungsverhältnis. Das Erste definiert, wieviel Altaktien zum Bezug einer Wandelschuldverschreibung erforderlich sind. Das in Stück zu berechnende Wandlungsverhältnis (WV) hingegen zeigt an, in welcher Relation Anteile einer Wandelschuldverschreibung in junge Aktien umgetauscht werden können. Das Wandlungsverhältnis bestimmt sich nach folgender Formel, wobei NW für den jeweiligen Nominalwert steht:

$$WV = \frac{\text{NW der Wandelanleihe}}{\text{Betrag der bedingten Kapitalerh.}} * \frac{\text{NW der jungen Aktie}}{\text{NW der Wandelschuldvers.}}$$

Um Wertsteigerungen der Aktie zu berücksichtigen, werden häufig Zuzahlungen bei der Umwandlung verlangt. Das Wandlungsverhältnis und die Zuzahlung legen den Umtauschpreis fest. Die Wandlungsfrist definiert den Zeitraum, in dem der Umtausch stattfinden kann. Aus Emittentensicht sind Wandelanleihen als Finanzierungsmittel interessant, weil sie oft mit einem niedrigeren Nominalzins ausgestattet sind als vergleichbare Papiere mit reinem Fremdfinanzierungscharakter. Dieser lässt sich vor allem deshalb durchsetzen, weil die Käufer durch das Wandlungsrecht die Möglichkeit haben, bei positiver Kursentwicklung die zugrunde liegenden Aktien des emittierenden Unternehmens zu vorteilhaften Bezugsbedingungen zu erwerben.

Im Gegensatz zu der Wandelanleihe bleibt der Käufer beim Erwerb einer **Optionsanleihe** im gesamten Zeitverlauf Fremdkapitalgeber. Die Optionsanleihe bleibt über ihre gesamte Laufzeit bestehen. Dem emittierenden Unternehmen steht somit bis zum Ende der Anleihelaufzeit Fremdkapital zur Verfügung. Übt der Inhaber einer Optionsanleihe sein Optionsrecht auf Aktienbezug aus, fließt dem Unternehmen durch die Ausgabe junger Aktien auch noch Beteiligungskapital zu. Dieses über Optionsscheine ausübbare Bezugsrecht ermächtigt den Inhaber einer Optionsanleihe, innerhalb einer bestimmten Bezugsfrist zu einem bestimmten Bezugsverhältnis und zu einem bestimmten Bezugskurs Aktien des emittierenden Unternehmens zu erwerben. Sowohl die Optionsanleihe mit Optionsschein als auch nur der Optionsschein können nach der Emission an der Börse gehandelt werden. Dies reflektiert die jeweilige Notierungsform an der Börse:

- Anleihe mit Optionsschein („cum")
- Anleihe ohne Optionsschein („ex")
- nur Optionsschein (Warrant).

Die Differenz zwischen dem aktuellen Tageskurs der Aktie und dem Bezugskurs, der durch die Konditionen für die Optionsanleihe bestimmt ist, wird als rechnerischer Wert des Optionsscheins bezeichnet. Entspricht der rechnerische Kurs des Warrant seinem tatsächlich gehandelten Kurs, verursacht der Erwerb von Aktien dieses Emittenten an der Börse die gleichen Kosten wie ihr Erwerb mittels Kauf des entsprechenden Warrants mit nachfolgender Ausübung des Bezugsrechtes unter Zuzahlung des Bezugskurses.

Bildet man die Differenz zwischen dem Marktwert des Optionsscheins und seinem rechnerischen Wert, erhält man die so genannte Prämie oder das Aufgeld. Die Prämie wird tendenziell umso höher ausfallen, je länger die Bezugsperiode (noch) andauert und je größer die Volatilität der erwarteten Aktienkurse in diesem Betrachtungszeitraum eingeschätzt wird. Typisch für Optionsscheine ist der Hebeleffekt. Dieser wird in Beispiel 4.7 näher erläutert.

Beispiel 4.8: Hebel des Optionsscheins

> Angenommen, der durch den Optionsschein festgelegte Bezugskurs beträgt € 300. Die dazugehörige Aktie notiert aktuell zu € 340. Folglich ergibt sich ein rechnerischer Wert des Optionsscheins von € 40. Steigt der Aktienkurs auf € 374, also um 10 %, würde sich der rechnerische Wert des Warrants auf € 74 erhöhen. Dies entspricht einem Wertzuwachs von 85 %. Übernimmt der Optionsschein tendenziell die absolute Veränderung des Aktienkurses, wird hierdurch eine deutlich höhere relative Veränderung seines Kurses bewirkt.

Es muss jedoch betont werden, dass dieser Hebel auch bei fallenden Kursen wirkt. Trotzdem ist für den Anleger das Risiko überschaubar. Sein Risiko ist auf den für den Optionsschein entrichteten Preis begrenzt. Fällt der aktuelle Aktienkurs der Aktie am Ende der Bezugsperiode unter den Bezugspreis, wird er den Optionsschein nicht ausüben. Der Warrant ist somit wertlos.

4.2 Die Innenfinanzierung

Charakteristisch für die Innenfinanzierung ist, dass die Finanzmittel aus eigener Kraft über den Umsatzprozess (oder durch Vermögensumschichtungen) beschafft werden. Insofern erfolgt die Innenfinanzierung durch betriebliche Desinvestitionen, wie sie im Rahmen des Umsatzprozesses (Sach- und Anlagevermögen werden freigesetzt) oder durch Rationalisierungen stattfinden. Eine Innenfinanzierung ist immer dann möglich, wenn die Einzahlungen aus dem normalen betrieblichen Umsatzprozess größer sind als die entsprechenden Auszahlungen, es demnach zum finanzwirtschaftlichen Überschuss kommt.

4.2.1 Die Gewinnthesaurierung

Die Selbstfinanzierung im engeren Sinn erfolgt durch die Einbehaltung von Gewinnen, die nicht an die Eigenkapitalgeber ausgezahlt werden (= Gewinnthesaurierung). Voraussetzung hierfür ist, dass ein Gewinn erzielt wurde. Da die Selbstfinanzierung grundsätzlich durch die Bildung von Rücklagen erfolgt, unterscheidet man in Hinblick auf die Bilanzwirkung zwischen offener und stiller Selbstfinanzierung.

Die **offene Selbstfinanzierung** führt bei Person- bzw. Einzelunternehmen zu einer Gutschrift auf dem Kapitalkonto sowie zu einem Verzicht der Entnahme von diesem Konto. Bei Kapitalgesellschaften bewirkt die offene Selbstfinanzierung ein Anwachsen der **offenen Rücklagen** (= Kapital- und Gewinnrücklagen) in der Bilanz. In die Kapitalrücklagen wird das Kapital eingestellt, das bei der Ausgabe von Wertpapieren über Nennwert erzielt wurde sowie eventuelle Zuzahlungen von Eigenkapitalgeber. Insofern werden die Kapitalrücklagen nicht von der Selbstfinanzierung tangiert.

Die Gewinnrücklagen werden unterteilt in die gesetzliche Rücklage, die Rücklage für eigene Anteile, die satzungsgemäßen Rücklagen und andere Gewinnrücklagen. Die Aktiengesellschaften sind gesetzlich dazu verpflichtet, so lange mindestens 5 % des (um den Verlustvortrag geminderten) Jahresüberschusses in die **gesetzlichen Rücklagen** einzustellen, bis diese zusammen mit den Kapitalrücklagen mindestens 10 % des Grundkapitals erreicht haben. Die gesetzlichen Rücklagen dürfen, wenn sie 10 % überschreiten, zu einer Kapitalerhöhung aus Gesellschaftsmitteln verwendet werden. Darüber hinaus können die gesetzlichen Rücklagen zur Finanzierung von Vermögensteilen verwendet werden sie stellen somit keine Liquiditätsreserve dar.

In die Rücklage für eigene Anteile wird der Betrag eingesellt, der dem Wert der als Aktiva gehaltenen eigenen Anteile entspricht. Diese Rücklage kann aufgelöst werden, wenn die entsprechenden Aktiva veräußert werden. Satzungsgemäße Rücklagen werden durch die Hauptversammlung mit Dreiviertelmehrheit festgelegt. In die anderen Gewinnrücklagen dürfen Vorstand und Aufsichtsrat bis zu 50 % des Jahresüberschusses, der nach der Bedienung der gesetzlichen Rücklagen verbleibt, einstellen. Durch Satzung kann dieser Anteil auch erhöht werden.

Die Bildung **stiller Rücklagen** geschieht durch Unterbewertung der Aktiva oder Überbewertung der Passiva. Da die Möglichkeiten der Überbewertung von Passiva stark eingeschränkt sind – sie sind nur bei Rückstellungen und Valutaverbindlichkeiten möglich – entsteht der Hauptteil der stillen Rücklagen, indem der Buchwert der Aktiva über dem Zeitwert liegt. Der Finanzierungseffekt besteht darin, dass die über die Erlöse zugeflossenen Gewinnbestandteile des Umsatzes nicht offengelegt werden, und damit auch nicht der Besteuerung unterliegen. Werden die stillen Reserven zu einem späteren Zeitpunkt aufgelöst, dann unterliegen sie der Besteuerung. Die Bildung steuerlich zulässiger stiller Rücklagen führt somit nur zu einer zeitlichen Steuerverschiebung.

Die Selbstfinanzierung bringt für die Unternehmen eine Vielzahl von Vorteilen mit sich. Sie ist billig, da keine Zinsen, Emissionskosten etc. anfallen. Sie ist risikoarm, da keine starren Verpflichtungen resultieren. Sie ist schnell, weil sie ohne zeitraubende Kredit- bzw. Kapitalerhöhungsverhandlungen stattfinden. Zudem verändert sie die Machtverhältnisse im Unternehmen nicht und ermöglicht eine gewisse Unabhängigkeit vom Kapitalmarkt. Allerdings führt eine starke Selbstfinanzierung zur Bilanzverschleierung, sodass der Aussagegehalt der Bilanz für Außenstehende abnimmt. Unabhängig von Größe und Rechtsform stellt die Selbstfinanzierung ein wesentliches Finanzierungsinstrument für die Unternehmen dar.

4.2.2 Finanzierung aus Abschreibungen

Grundlage der Finanzierung aus Abschreibungen ist die Annahme, dass die Abschreibungen auf Anlagegüter (als Abschreibungserlöse) ein Bestandteil des Produktpreises sind. Über den Umsatzprozess kommt es so zu einem Zufluss an Zahlungsmitteln, der für die verschleißbedingte Erneuerung der Anlagegüter vorgesehen ist. Da die eigentliche Ersatzbeschaffung jedoch erst zu einem späteren Zeitpunkt erfolgen muss, kommt es zunächst nicht zu Auszahlungen. Es kommt damit zur vorübergehenden Kapitalfreisetzung, denn die Mittel stehen für Finanzierungen zur Verfügung. Diese Wirkung der Abschreibungen wird als **Kapitalfreisetzungseffekt** bezeichnet.

Werden die Finanzmittel reinvestiert, dann können Investitionen getätigt werden, ohne dass zusätzliche Mittel gebunden werden. Wird das freigesetzte Kapital für Erweiterungsinvestitionen genutzt, findet eine Kapazitätsausweitung statt. Der **Kapazitätsausweitungseffekt** aufgrund von Kapitalfreisetzung wird als **Lohmann-Ruchti-Effekt** bezeichnet, obwohl das Phänomen erstmals 1867 in einem Briefwechsel zwischen Karl Marx und Friedrich Engels beschrieben wurde. Es zeigt sich, dass die Stärke des Kapazitätseffekts von der Gesamtnutzungsdauer (n) und der durchschnittlichen Nutzungsdauer (n/2) der Anlagegüter abhängt. Angesichts der Tatsache, dass die anteiligen Abschreibungsbeträge zunächst gesammelt werden müssen und deshalb keine kontinuierliche Umwandlung des freigesetzten Kapitals in Anlagegüter stattfinden kann, ermittelt sich der Kapazitätserweiterungsmultiplikator (KEM) als:

$$KEM = 2 * \frac{n}{n+1}.$$

Bei sehr langer Nutzungsdauer tendiert der Kapazitätserweiterungsmultiplikator zu 2. Das heißt, im günstigsten Fall führt der Kapazitätsausweitungseffekt zu einer Verdoppelung der Anlagegüter und damit zu einer Verdoppelung der Periodenkapazität. Ist die Kapazitätsnutzungsdauer nur kurz, dann bleibt der Effekt aus. Bei intensiverer Beschäftigung mit dem Kapazitätsfreisetzungseffekt zeigt sich, dass sich der Multiplikator allein auf den nominalen Bestand an Anlagegütern auswirkt. Damit verändert sich allein die **Periodenkapazität**, definiert als Anzahl der Nutzungen innerhalb einer Periode. Die **Totalkapazität** – sie gibt die insgesamt über alle Perioden zur Verfügung stehende Menge an Nutzungsmöglichkeiten an – bleibt dagegen stets gleich.

Beispiel 4.8: Der Lohmann-Ruchti-Effekt

Die Strickgut AG erwirbt zehn neue Strickmaschinen zum Stückpreis von € 10.000. Die Maschinen verfügen über eine Periodenkapazität von 20.000 Einheiten und werden über fünf Jahre linear abgeschrieben. Die Gesamtkapazität einer Maschine beträgt damit 100.000 Einheiten. Da die Marktlage für Strickwaren günstig ist, möchte das Unternehmen die Abschreibungserlöse in neue Maschinen investieren. In Tabelle 4.9 ist der Kapazitätserweiterungsplan dargestellten.

Tabelle 4.9: Kapazitätserweiterungsplan

t	Anzahl der Maschinen	Abschreibungen	Reinvestition	Abschreibungsrest	Periodenkapazität
1	10	20.000	20.000	0	200.000
2	(10+2) 12	24.000	20.000	4.000	240.000
3	(12+2) 14	28.000	30.000	2.000	280.000
4	(14+3) 17	34.000	30.000	6.000	340.000
5	(17+3) 20	40.000	40.000	6.000	400.000
6	(20+4-10) 14	28.000	30.000	4.000	280.000
7	(14+3-2) 15	30.000	30.000	4.000	300.000
8	(15+3-2) 16	32.000	30.000	6.000	320.000
9	(16+3-3) 16	32.000	30.000	8.000	320.000
10	(16+3-3) 16	32.000	40.000	0	320.000
11	(16+4-4) 16	32.000	30.000	2.000	320.000
12	(16+3-3) 16	32.000	30.000	4.000	320.000
13	(16+3-3) 16	32.000	30.000	6.000	320.000
14	(16+3-3) 16	32.000	30.000	8.000	320.000
15	(16+4-4) 16	32.000	40.000	10.000	320.000

Es zeigt sich, dass sich die Periodenkapazität bei 320.000 Einheiten einpendelt. Damit weicht die Kapazität vom theoretischen Wert ab, der bei

$$KEM = 2 * \frac{5}{6+1} = 1,\overline{6666}$$

und damit bei einer Periodenkapazität von rund 333.3333 Einheiten liegt. Die Abweichung begründet sich durch die Unteilbarkeit der Maschinen und den damit verbunden Abschreibungsresten.

Tabelle 4.10: Entwicklung der Gesamtkapazität

	Gesamtkapazität in Tsd. und (Anzahl) der Maschinen nach Alter					
t	0 Jahre	1 Jahr	2 Jahre	3 Jahre	4 Jahre	Summe
1	100 (10)	(0)	(0)	(0)	(0)	100 (10)
2	20 (2)	80 (10)	(0)	(0)	(0)	100 (12)
3	20 (2)	16 (2)	60 (10)	(0)	(0)	96 (14)
4	30 (3)	16 (2)	16 (2)	40 (10)	(0)	98 (17)
5	30 (3)	24 (3)	12 (2)	8 (2)	20 (10)	94 (20)
6	40 (4)	24 (3)	18 (3)	8 (2)	4 (2)	94 (14)
7	30 (3)	32 (4)	18 (3)	12 (3)	4 (2)	96 (15)
8	30 (3)	24 (3)	24 (4)	12 (3)	6 (3)	96 (16)
9	30 (3)	24 (3)	18 (3)	16 (4)	6 (3)	94 (16)
10	30 (3)	24 (3)	18 (3)	12 (3)	8 (4)	92 (16)
11	40 (4)	24 (3)	18 (3)	12 (3)	6 (3)	100 (16)

Obwohl die Periodenkapazität sich durch die Abschreibungsfinanzierung erhöht, bleibt die Gesamtkapazität unverändert (vgl. Tabelle 4.10). Die im Beispiel auftretenden Abweichungen nach unten erklären sich allein durch die nicht wieder angelegten Abschreibungsreste. Da erst wieder in der zehnten Periode die Abschreibungen vollständig angelegt waren, entsprach die Gesamtkapazität in der darauf folgenden Periode den ursprünglichen 100.000 Einheiten.

In der Praxis wird nur selten das theoretische Potenzial des Kapazitätserweiterungseffekts ausgeschöpft werden können. Die Ursachen dafür sind sehr verschieden. So stellt sich der Effekt nur ein, wenn über die Erlöse die anteiligen Abschreibungen dem Unternehmen zufließen. Kommt es etwa zu einer konjunkturbedingten Absatzstockung, so wird das Unternehmen die Produktpreise senken; in diesem Fall könnte es geschehen, dass die Preise die Abschreibungen nicht mehr decken. Eine andere Ursache für die Abschwächung des Effekts ist die Vernachlässigung des technischen Fortschritts und die Annahme der gleichbleibenden Wiederbeschaffungskosten. Völlig unberücksichtigt bleibt auch die Frage, ob die Erhöhung der Periodenkapazität unter absatzpolitischen Überlegungen überhaupt sinnvoll ist.

4.2.3 Finanzierung aus Rückstellungen und Umschichtungen

Rückstellungen kann ein Unternehmen bilden, um zukünftigen unsicheren Verpflichtungen vorzubeugen. Rückstellungen sind ein Geldadäquat für mögliche Verbindlichkeiten und gehören dementsprechend zum Fremdkapital. Eine Finanzierung aus Rückstellungen stellt eine innerbetriebliche Fremdfinanzierung dar.

Der Finanzierungseffekt entsteht dadurch, dass die Rückstellungen ein Teil des Produktpreises waren. Durch den Verkauf der Güter ist das Geld in das Unternehmen zurückgeflossen und steht dort bis zur Inanspruchnahme der Verbindlichkeiten zur freien Verfügung. Der Finanzierungseffekt wird damit wesentlich von der Fristigkeit der Rückstellungen beeinflusst. Je länger das Geld im Unternehmen verbleibt, umso besser. Allerdings sind die meisten Rückstellung ihrer Natur nach eher kurzfristig (z.B. Rückstellungen für Forderungsausfälle, Steuerzahlungen, u.a.).

Eine bedeutende Ausnahme stellen die **Pensionsrückstellungen** dar. Sie werden gebildet, um zukünftige Pensionsansprüche der Arbeitnehmer zu befriedigen und verbleiben deshalb über lange Zeiträume im Unternehmen. Pensionsrückstellungen stellen eine Verbindlichkeit gegenüber den Pensionsberechtigten dar und sind deshalb Fremdkapital. Durch ihre steuerliche Abzugsfähigkeit wird der Finanzierungseffekt der Pensionsrückstellungen noch erhöht. Der Finanzierungseffekt der Pensionsrückstellungen verändert sich jedoch im Zeitverlauf. Zu Beginn der Pensionszusage ist er am höchsten und reduziert sich, wenn es zu ersten Auszahlungen kommt. Da allerdings ein gewisser Sockelbetrag im Unternehmen verbleibt, steht dieser als dauerhaftes Kapital zur Verfügung.

Den Vorteilen der Finanzierung durch Pensionsrückstellungen stehen jedoch auch Nachteile gegenüber. Diese resultieren vor allem aus der Ungewissheit der zukünftigen Pensionsforderungen, die durchaus höher als die dafür gebildeten Rückstellungen ausfallen können. Daneben erhöht sich durch die Pensionsrückstellungen der Verschuldungsgrad und begrenzt somit die Möglichkeit der Liquiditätszuführung von außen.

Die **Finanzierung aus Vermögensumschichtung** erfolgt, indem Aktiva (Grundstücke, Maschinen, Wertpapiere, Vorräte, u.a.) verkauft werden, was zu einem Liquiditätszufluss führt. Da von diesen Transaktionen nur die Aktivseite der Bilanz betroffen ist, spricht man auch von einem Aktivtausch, denn das Anlage- oder Umlaufvermögen wird zugunsten der Kasse verringert. In dem Fall, dass stille Reserve durch den Aktivtausch aufgelöst werden, werden Steuerzahlungen fällig.

Eine Vielzahl von Gründen kann für einen Aktivtausch sprechen. Wenn durch den Einsatz neuer Produktionstechniken bestehende Kapazitäten freigesetzt werden, dann sollten diese zugunsten der Liquidität veräußert werden. Auch Prozessverbesserungen können zu einem Aktivtausch führen, wenn diese den Materialfluss verbessern und dadurch Umlaufvermögen freisetzen. Zur Verbesserung der Liquiditätssituation führt auch das **Sale-and-Lease-Back-Verfahren**, nach dem zunächst Aktiva gegen Liquidität getauscht werden, um anschießend die gleichen Vermögensgegenstände zu leasen.

4.3 Die Kreditsubstitute

Kreditsubstitute sind Instrumente der Außenfinanzierung, die entwickelt wurden, um die klassischen Bankkredite zu ersetzen. Die Kreditsubstitute versorgen das Unternehmen mit Liquidität, ohne dass ihnen bilanzwirksames Fremdkapital zugeführt wird. Sie erhalten bzw. verbessern die Bilanzstruktur des Unternehmens. Zu den Kreditsubstituten gehören das Factoring, die Asset-Backed-Securities und das Leasing.

4.3.1 Factoring

Factoring ist ein Finanzierungsgeschäft, bei dem eine Factoringgesellschaft die Forderungen eines Unternehmens aus Lieferungen und Leistungen ankauft. Dem Charakter nach handelt es sich beim Factoring um einem Aktivtausch, der die Kreditwürdigkeit des Unternehmens erhöht. Interessant für das verkaufende Unternehmen ist, dass nicht die eigene Bonität für die Risikobewertung relevant ist, sondern die Bonität seiner Schuldner und die

Diversifikation der Forderungen. Unternehmen mit schlechter Bonität können dann ihre Finanzierungskosten reduzieren. Das Factoring erfüllt drei Funktionen:

1. Eine Finanzierungsfunktion, indem dem Unternehmen Liquidität zugeführt wird. Wann dem Unternehmen Liquidität zufließt, hängt von der vertraglichen Ausgestaltung ab. Beim Standardfactoring werden die Forderungen sofort bezahlt, während beim Maturityfactoring die Zahlung erst bei (durchschnittlicher) Fälligkeit der Forderungen geleistet wird.
2. Eine Delkrederefunktion, durch Übernahme des Ausfallrisikos. Übernimmt die Factoringgesellschaft das Ausfallrisiko; dann handelt es sich um **echtes Factoring**. Verbleibt das Ausfallrisiko beim Kunden, dann liegt ein **unechtes Factoring** vor.
3. Die Dienstleistungsfunktion, durch Abwicklung der Forderung und Bereitstellung der Debitorenbuchhaltung, des Mahnwesens und ähnlichem.

Die Kosten für die Inanspruchnahme eines Factoringunternehmens variieren stark. Dabei hängen die Kosten für die Übernahme des Ausfallrisikos von der Bonität der Drittschuldner ab, und die Kosten für Finanzierungsfunktion entsprechen in der Regel den kurzfristigen Kreditzinsen. In die Entscheidung für oder gegen ein Factoring müssen neben den Kosten auch andere Aspekte einfließen. Insbesondere der Kundenbindungsaspekt ist zu berücksichtigen, denn über den Forderungsverkauf verliert das Unternehmen an Flexibilität gegenüber dem eigentlichen Schuldner. Zwar kann es weiterhin Zahlungsziele einräumen; es hat jedoch zumeist keinen Einfluss auf das Procedere, wenn es zu Überschreitungen des Zahlungsziels kommt. Durch die Übergabe der Dienstleistungsfunktion verliert das Unternehmen an Know-how und kann Probleme bekommen, wenn es diese Funktion wieder übernehmen möchte. Dabei stellt der Datentransfer eine besondere Schwierigkeit dar. Ihr wird begegnet, indem die Debitorenbuchhaltung treuhänderisch beim Klienten bleibt (= Bulk-Factoring). Aus den genannten Gründen ist die Beziehung zwischen Factoringgesellschaft und Forderungsverkäufer in der Regel langfristig und bezieht sich auf alle Forderungen aus Lieferung und Leistung.

4.3.2 Asset-Backed-Securities (ABS)

Grundlage der Asset-Backed-Securities ist der Ankauf und die Verbriefung (= Securitisation) von Forderungen. Inhaltlich sind sie aus Sicht des Forderungsverkäufers, was die Vor- und Nachteile angeht, dem Factoring ähnlich. Allerdings geht das Ausfallrisiko stets auf den Forderungskäufer über und die Forderungsübertragung erfolgt still, d.h. ohne Kenntnis des ursprünglichen Schuldners. Der Forderungsverkäufer verpflichtet sich in einer Inkasso- und Verwaltungsvereinbarung, das Forderungswesen im Auftrag des Forderungskäufers weiterzuführen, wobei er zusichert, seine normale Geschäftspraxis beizubehalten. Die eingehenden Zahlungen aus den verkauften Forderungen überträgt er in regelmäßigen Abständen an den Forderungskäufer.

Die wesentlichen Unterschiede ergeben sich in der Platzierung der Forderungen. Im Gegensatz zum Factoring, bei dem die Factoringgesellschaft das unternehmerische Risiko trägt, tritt das Finanzinstitut im Fall der ABS als Treuhänder auf. Dessen Aufgabe ist es, bestehende Forderungen verschiedener Emittenten zu kaufen (= poolen) und zu verbriefen, wozu zunächst eine Zweckgesellschaft zu gründen ist. Damit werden aus den Forderungen handelbare Wertpapiere, die überwiegend an private Investoren verkauft werden. Der Vorteil für den Käufer der ABS besteht darin, dass er Wertpapiere mit niedrigem Bonitätsrisiko erhält, deren zugrunde liegende Forderungen in der Regel ein Jahr betragen.

Es bestehen zwei prinzipielle Möglichkeiten der Verbriefung, nämlich das Fondszertifikatskonzept und das Anleihekonzept. Das **Fondszertifikatskonzept** ermöglicht den Investoren den Kauf von Anteilen (= Fondszertifikaten) am Forderungspool, wobei Tilgung und eventuelle Zinszahlungen an den Anteilseigner weitergeleitet werden. Das Risiko einer vorzeitigen Tilgung geht damit auf den Anteilseigner über. Dieses Risiko umgeht der Investor durch die Verbriefung nach dem **Anleihekonzept**. Nach diesem Konzept wird zwischen den Forderungspool und den ABS-Käufer ein Finanzintermediär geschaltet, der das Ausschüttungsmanagement betreibt, indem er feste Zins- und Rückzahlungspläne mit dem Investor vereinbart. Aus Sicht des Forderungsverkäufers sind ABS vor allem deshalb interessant, weil durch das Poolen das Risiko für den Käufer reduziert wird, und damit die Finanzierung günstiger wird als beim Factoring.

4.3.3 Leasing

Beim Leasing handelt es sich um eine spezielle Form der Vermietung von Vermögensgegenständen. Gemäß BGB ist das Besondere am Leasing, dass zwischen dem Hersteller und dem Verwender eines Gutes eine Leasinggesellschaft eingeschaltet ist (= indirekte Vermietung). Beim Finanzierungsleasing, von dem hier die Rede ist, wird eine feste Grundmietzeit vereinbart, in der eine Kündigung des Vertrags von beiden Seiten nicht möglich ist. Die Grundmietzeit ist zumeist kürzer als die gewöhnliche Nutzungsdauer des Vermögensgegenstands, sodass häufig eine Kaufoption nach Vertragsende, oder eine Verlängerung des Leasing, vereinbart wird.

Der Leasingnehmer zahlt dem Leasinggeber eine Prämie; diese muss die Anschaffungsausgaben, die Zinsen, die Betriebskosten (u.a. Vertragsanlaufkosten, Verwaltungskosten), die Risikokosten (Zahlungsausfall etc.) und den kalkulatorischen Gewinn decken. Da Leasing eine Form der Fremdfinanzierung darstellt, sollte die relative Bewertung anhand eines Kreditkaufs erfolgen. Wesentlich für die Bewertung des Leasing als Finanzierungsalternative sind die steuerliche Behandlung und damit verbunden die Abschreibungs- bzw. Subventionsmöglichkeiten. Während in den USA grundsätzlich gilt, dass beim Finanzierungsleasing das Objekt steuerlich dem Leasingnehmer zuzuordnen ist, orientiert sich die deutsche Rechtsprechung an der Nutzungsdauer als Zuordnungskriterium und ist im Einzelfall zu entscheiden. Allerdings geht die Rechtsprechung davon aus, dass im Fall des Mobilienleasing das Objekt dem Leasingnehmer zuzuordnen ist, wenn die Grundmietzeit über 90 % und unter 40 % der Nutzungsdauer des Leasingobjekts beträgt. Darüber hinaus sind die Optionsrechte (Kaufoption, Mietverlängerungsoption) als Ausgestaltungsdetails wesentlich für die Zurechnung des Leasingobjekts.

Wird das Leasingobjekt dem Leasinggeber zugeordnet, kann der Leasingnehmer die Leasingraten als Betriebsausgaben steuerlich voll abziehen. Im anderem Fall (das Objekt wird dem Leasingnehmer zugeordnet), ist die steuerliche Abzugsfähigkeit auf den Zins- und Kostenanteil der Leasingraten beschränkt. Daneben besteht ein Recht auf Abschreibung des Leasinggegenstands.

Ob sich Leasing für ein Unternehmen lohnt, hängt von verschiedenen Einflussfaktoren ab. Dies sind u.a.:

- Vertragsgestaltung und steuerliche Zurechnung
- Höhe der Steuersätze
- Kreditkonditionen
- Abschreibungsverfahren beim Kauf
- Konditionen einer möglichen Anschlussfinanzierung
- Höhe des unternehmensinternen Kalkulationszinsfußes.

Vergleichsrechnungen zwischen Leasing und Kreditkäufen zeigen häufig, dass Kreditfinanzierung günstiger ist als Leasing. Der relative Vorteil verringert sich jedoch bei Unternehmen mit guter Ertragslage und dementsprechend hoher steuerlicher Belastung. Abgesehen von diesen kostenorientierten Betrachtungen, spielt eine Reihe von eher prinzipiellen Faktoren eine wichtige Rolle bei der Entscheidung für oder gegen das Leasing. So ermöglicht Leasing vielen Unternehmen den Einsatz von Anlagegütern, die sie aus eigener finanzieller Kraft nicht oder nur schwer hätten erwerben können. Leasing verbessert die Liquiditätssituation, da keine Anschaffungsauszahlung zu leisten ist; dieses Argument gilt jedoch nur für den Barkauf, da ansonsten über Kredite Liquidität dem Unternehmen zufließt. Für das Leasing spricht, dass sich bei kurzer Grundmietdauer das Unternehmen leicht dem technischen Fortschritt anpassen kann. Gegen das Leasing sprechen eine Reihe von Zusatzleistungen, die vom Leasingnehmer vertraglich zu erbringen sind und zusätzliche Kosten verursachen, wie etwa Versicherungen, Wartungs- und Reparaturleistungen. Falsch ist dagegen die Vorstellung, ein Unternehmen könnte sich durch Leasing seinen Kreditfinanzierungsspielraum offen halten, da Leasingverpflichtungen normalerweise in die Kreditvergabeentscheidung mit einfließen.

Übungsaufgaben zum 4. Kapitel

Aufgabe 4.1:
Wie gliedert sich die Bilanzposition „Eigenkapital" einer Aktiengesellschaft?

Aufgabe 4.2:
Aktien können nach verschiedenen Kriterien eingeteilt werden. Eine Möglichkeit ist die Systematisierung nach der Zerlegung des Grundkapitals. Welche Aktienarten kennen sie in diesem Zusammenhang und wie sind diese charakterisiert?

Aufgabe 4.3:
Gibt es eine obere und untere Limitierung des Ausgabekurses bei der Emission junger Aktien? Begründen Sie ihre Antwort.

Aufgabe 4.4:
Welche Aussagekraft hat der Bilanzkurs?

Aufgabe 4.5:

Die Increase AG plant eine Kapitalerhöhung von € 12 Mio. Der Nennwert der jungen Aktien wird mit € 10 festgesetzt. Er bleibt damit unverändert im Vergleich zu den alten Aktien. Diese notieren aktuell zu € 36 und befinden sich voll im Umlauf. Der Emissionskurs der jungen Aktien soll € 30 betragen. Das aktuelle Grundkapital beträgt € 24 Mio. Die Position „offene Rücklagen" beläuft sich auf € 6 Mio.

a) Bestimmen Sie den Bilanzkurs.

b) Wie kann man den in Relation zum Bilanzkurs hohen Emissionspreis erklären?

c) Welche zusätzlichen liquiden Mittel kann die Aktiengesellschaft erwarten, wenn die jungen Aktien voll abgesetzt werden können und Ausgabekosten incl. Steuern in Höhe von 15 % der nominellen Kapitalerhöhung anfallen?

d) Wie hoch ist der rechnerische Wert des Bezugsrechtes pro Aktie?

Aufgabe 4.6:

Das Bilanzbild einer Aktiengesellschaft stellt sich für das abgelaufene Geschäftsjahr wie folgt dar:

Bilanz der Aktiengesellschaft in Tsd. €			
Anlagevermögen	600	Gezeichnetes Kapital	1.200
Umlaufvermögen	1.200	Rücklagen	0
		Verlustvortrag	-300
		Verbindlichkeiten	900
	1.800		1.800

Die Aktien der Gesellschaft werden aktuell zu € 4 gehandelt, obwohl sie einen Nominalwert von € 5 ausweisen. In der Hauptversammlung wird entschieden, dass eine Kapitalherabsetzung im Verhältnis 2:1 durch Zusammenlegung von Aktien durchzuführen ist. Auf diese Weise soll der Verlustvortrag ausgeglichen werden. Sollte der Betrag der Kapitalherabsetzung den Verlustvortrag übersteigen, wurde entschieden, dass dieser potentielle Überschuss den Rücklagen zugeführt wird. Wie sieht die Bilanz nach der Kapitalherabsetzung aus?

Aufgabe 4.7:
Welche Funktionen übernimmt das Fremdkapital bei der Finanzierung von Unternehmen?

Aufgabe 4.8:
Wie untergliedert sich die Bilanzposition Fremdkapital bei einer Aktiengesellschaft?

Aufgabe 4.9:
Eine GmbH überlegt, wie sie nachstehendes Finanzierungsproblem am vorteilhaftesten löst. Am 05. Mai geht eine Rechnung über € 112.000 ein. Die Rechnung enthält die in der Branche üblichen Zahlungsbedingungen, nämlich „zahlbar innerhalb von 8 Tagen mit 2 % Skonto, netto 30 Tage Kasse". Ein am 18. Mai fällig gestelltes Festgeld kann zur Finanzierung genutzt werden. Das Festgeld wird bei Fälligkeit dem Kontokorrentkonto gutgeschrieben. Der aktuelle Saldo des Kontokorrentkontos beträgt im Soll € 29.130. Für das Kontokorrentkonto ist mit dem Kreditinstitut eine Kreditlinie von € 150.000 bei einem Sollzinssatz von 7 % p.a., einer Überziehungsprovision von 4 % p.a. und Kontoführungsgebühren von € 0,40 pro Transaktion vereinbart. Zu welcher Zahlungsweise raten Sie der GmbH, wenn weitere Zahlungen während des betrachteten Zeitraums unberücksichtigt bleiben sollen?

Aufgabe 4.10:
Eine Aktiengesellschaft, deren Grundkapital € 200 Mio. beträgt, wird, nach ergangenem Beschluss der Hauptversammlung im Jahre 2002, eine genehmigte Kapitalerhöhung in Höhe von € 80 Mio. durchführen. 2003 sollen Wandelanleihen herausgegeben werden, deren Konditionen sich wie folgt gestalten: Ausgabekurs 98 %, Nominalzins 5 % p.a., Tilgung im Jahr 2013 in einem Betrag, Zinszahlung nachschüssig jeweils am 02. Januar, Wandlungsverhältnis = 10:2 (Nominalkapital Wandelanleihe zu Nennwert der Aktien), Zuzahlungsbetrag € 15 für jede junge Aktie und Wandlungsfrist vom 02.01.2007 bis 01.11.2012. Das nominelle Gesamtvolumen wird in Teilbeträgen von € 100 gebündelt. Der Nennwert der alten und jungen Aktien ist € 10.

a) Bestimmen Sie das Bezugsverhältnis (Nennwert alte Aktien zu Nominalkapital Wandelanleihe).

b) Prognosen lassen erwarten, dass 50 % der Anleger bis zum Jahr 2008 von ihrem Wandlungsrecht Gebrauch gemacht haben werden. Welche Veränderungen werden sich für die Bilanzpositionen Eigen- und

Fremdkapital (Transaktionskosten, Zinsen und Dividenden werden vernachlässigt) ergeben?

Aufgabe 4.11
Was versteht man unter Selbstfinanzierung?

Aufgabe 4.12:
Was versteht man unter dem Kapitalfreisetzungs-, und was unter dem Kapazitätserweiterungseffekt?

Aufgabe 4.13:
Was versteht man unter Factoring?

5 Finanzcontrolling

Bedeutung und Aufgabenstellung des Finanzcontrollings haben sich im Verlauf des vergangenen Jahrzehnts grundlegend verändert. Dies ist zum einen auf einen starken Wandel in den gedanklichen Ansätzen der Finanzierungstheorie zurückzuführen, zum anderen aber auch durch anhaltende und umfassende Änderungen in der strategischen und operativen Unternehmensführung zu erklären. Ein besonders zu nennender Aspekt ist die Entwicklung fundierter Konzepte, die es erlauben, die Rendite-Risiko-Beziehung methodisch zu analysieren und somit auf eine objektivere Basis zu stellen. Hierbei wird versucht, unternehmenstypische Finanzierungs- und Investitionsprobleme zu erkennen und zu durchdringen und diesen durch entsprechende Steuerungskonzepte methodisch zu begegnen.

Gleichzeitig verzwingen Änderungen in der Organisation und der Unternehmensstruktur, veränderte Rahmenbedingungen sowie aktuelle Einflüsse, wie

- zunehmende Globalisierung auf den Absatz- und Beschaffungsmärkten mit entsprechenden Parallelentwicklungen auf den Finanzmärkten
- verstärkter Einsatz von modernen Finanzierungsinstrumenten (Finanzinnovationen)
- deutliche Fortschritte in der Informations- und Kommunikationstechnologie mit Auswirkungen auf die Finanzierungsprozesse,

ein intensives Finanzcontrolling.

5.1 Zusammenspiel von Finanzcontrolling und -management

Sowohl das Finanzcontrolling wie auch das Finanzmanagement haben eine große Bedeutung im Rahmen der finanzwirtschaftlichen Unternehmenssteuerung. Sie sind beide dafür verantwortlich, dass die finanzwirtschaftlichen Ziele effektiv und effizient wie möglich erfüllt werden. Um dies zu ermöglichen, müssen die beiden unternehmerischen Aufgabengebiete, das Finanzmanagement und -controlling, eng miteinander verwoben sein. Alle von ihnen erbrachten Leistungen und Aktivitäten müssen auf die im finanzwirtschaftlichen Zielsystem festgelegten Anforderungen (Kapitalkostenminimierung, Liquiditätssicherung und Risikomanagement) ausgerichtet sein, um so erfolgreich zu einer Erhöhung des Unternehmenswerts beizutragen.

Der **Finanzmanager** trägt die Ergebnisverantwortung für die finanziellen Entscheidungen, die er im Rahmen des betrieblichen Leistungsprozesses trifft. Dabei kann es sich um kapitalbedarfsrelevante (Investition/Finanzlage), kapitalfondsrelevante (Innen-/Außenfinanzierung), finanzdispositionsrelevante (optimale Kassenhaltung/Cash-Management), finanzstrukturrelevante (optimale Kapitalstruktur) und finanzrisikorelevante Entscheidungen (zum Beispiel Liquiditäts-/Adressenausfallrisiko) handeln. Um diesen Aufgaben gerecht zu werden, sind Durchsetzungs- und Motivationsfähigkeit sowie ein gutes Urteilungsvermögen unabdingbar. Zudem ist die Verfügbarkeit von quantitativen und qualitativen Informationen eine Grundvoraussetzung für die Erfüllung der Aufgaben.

Der **Finanzcontroller** sieht seine Hauptverantwortung in der Ergebnistransparenz. Er muss dem Finanzmanager die Informationen zielgerichtet und nachvollziehbar bereitstellen, d.h. ihn zu einer optimalen Entscheidungsfindung befähigen. Demnach fungiert der Finanzcontroller als betriebswirtschaftlicher Berater und unterstützt somit den finanzwirtschaftlichen Zielfindungsprozess. Es wird davon ausgegangen, dass sowohl der Finanzmanager als auch der Finanzcontroller ihre Herausforderung in der Erfüllung des gleichen unternehmensspezifischen finanzwirtschaftlichen Zielsystems sehen. Da bei den sich anschließenden Inhalten die analytische Betrachtung im Vordergrund steht und weniger die Managemententscheidungen, wird im Folgenden nur noch vom Finanzcontrolling gesprochen.

5.2 Der Prozess der finanzwirtschaftlichen Unternehmenssteuerung

Shareholder-Value orientierte Unternehmen müssen so gesteuert werden, dass jede finanzwirtschaftliche Entscheidung oder Maßnahme auf ihren Beitrag zur Unternehmenswertsteigerung hin überprüft werden kann. In jedem Unternehmen müssen täglich auf jeder Managementebene eine Vielzahl von Entscheidungen getroffen beziehungsweise es müssen zahlreiche Maßnahmen ergriffen werden, was eine zielorientierte Koordination dringend erforderlich macht. Diese Koordination wird durch das **finanzwirtschaftliche Zielsystem** gesteuert. Es ist eine Zusammenfassung und Gewichtung aller unternehmenswerterhöhenden Einzelziele, auf die jede Maßnahme hin ausgerichtet sein muss. Jedes Einzelziel muss in rechen- und messbaren Größen formuliert werden, um die Zielerreichung zu überprüfen. Alle Maßnahmen zusammengenommen, ergeben einen Maßnahmenkatalog, der auch **als Unternehmensplanung im engeren Sinne** bezeichnet wird. In regelmäßigen Abständen ist zu überprüfen, wie sich die ergriffenen Maßnahmen in Bezug auf die jeweilige Zielsetzung ausgewirkt haben, insbesondere aber, ob sie auch erfolgreich waren.

Hierzu wird ein **Soll-Ist-Vergleich** durchgeführt, indem die Planwerte, also die quantifizierten Zielgrößen, den Istwerten gegenübergestellt werden. Eventuelle Abweichungen sind auf ihre Ursachen hin zu untersuchen. Mögliche Gründe für Abweichungen können falsche Einschätzungen der Umweltfaktoren und deren Interdependenzen sowie unzureichende oder unpassende Maßnahmen sein. Die Ergebnisse der **Abweichungsanalyse** fließen in die Zieldefinition für die nächste Periode mit ein und schaffen somit die entscheidende Basis für den weiteren Planungsprozess. Dieser revolvierende Ablauf von Planungs- und Überwachungsaktivitäten wird als kybernetischer Prozess der Unternehmenssteuerung bezeichnet.

Um finanzwirtschaftliche Entscheidungen auf ihren Ergebnisbeitrag hin überprüfen zu können, müssen **ursachenadäquate Erfolgsmessgrößen** definiert werden. Dabei ist zu beachten, dass die gewählte Messgröße auch in einem sinnvollen, kausalen Zusammenhang mit dem zu steuernden Parameter steht. Würde man für ein Unternehmen etwa das langfristige Gewinnwachstum als Ziel definieren und als Messgröße den Bilanzgewinn festlegen, dann würde es aufgrund der damit ausgelösten Steuerungsimpulse das Ziel wahrscheinlich verfehlen. Denn wird die Maximierung des Bilanzgewinns verfolgt, wird die Realisierung langfristiger Investitionen tendenziell zurückgehen, was wiederum langfristiges Wachstum verhindern wird. Dieses Beispiel belegt, dass der Kausalzusammenhang zwischen der Messgröße, die den Zielerreichungsgrad misst, und dem steuerbaren Parameter, analysiert werden muss. Ist die Messgröße so gewählt, dass sie zur Messung der Zielerreichung ungeeignet ist, kann das zu Maßnahmen führen, die zwar positive Auswirkung auf die Messgröße haben, für die Zielerfüllung jedoch nicht adäquat sind.

Sowohl die streng auf Shareholder-Value-Maximierung ausgerichtete Unternehmenssteuerung als auch die Erfahrungen der Vergangenheit mit wenig geeigneten Erfolgsmessgrößen haben ein weitreichendes Umdenken im Finanzcontrolling bewirkt. Seine Steuerungs- und Überwachungsfunktion wurde deshalb auf Teilbereiche ausgedehnt, die bis dato in anderen Abteilungen des Unternehmens mitverantwortet wurden bzw. in der heutigen Erscheinungsform noch gar nicht existierten.

5.3 Methoden zur finanzwirtschaftlichen Unternehmenssteuerung

Das Finanzcontrolling, als Teil des Unternehmenscontrolling, ist in seiner Aufgabe als betriebswirtschaftlicher Berater sowohl in Fragen der Konzeption von Unternehmenssteuerungs- oder -managementmodellen involviert als auch für die Überwachung und Verbesserung des laufenden Geschäftsbetriebs mitverantwortlich. Eine klare und allgemeingültige Abgrenzung von Aktivitäten, die ausschließlich vom Finanzcontrolling wahrgenommen werden, und solcher, die andere Controllingbereiche abdecken, ist deshalb schwierig.

5.3.1 Wertorientierte Unternehmenssteuerung

Ein wesentliches Element des Shareholder-Value-Ansatzes ist die Steigerung des Unternehmenswertes mit dem Ziel, den größtmöglichen Nutzen für die Unternehmenseigner zu erwirtschaften. Vor diesem Hintergrund wird das Finanzcontrolling immer stärker damit betraut, Konzepte zu entwickeln und zu etablieren, die unter den Begriffen **wertorientierte Unternehmenssteuerung** oder **Value-based-Management** subsumiert werden. Gemeinsam ist den Konzepten, dass sie allesamt Erträge und Risiken zu quantifizieren versuchen und erlauben, Risiko-Ertragsrelationen abzuleiten. Auch in ihrer Vorgehensweise ähneln sich die Konzepte. Sie ermitteln so genannte moderne Kennzahlen, die methodisch auf dem Kapitalwertverfahren basieren und erwirtschaftete Erfolgsgrößen in Beziehung zu den Kapitalkosten setzen. Allerdings vertritt die Literatur unterschiedliche Anschauungen in Bezug auf die Ermittlungsverfahren der zu berücksichtigenden Überschussgrößen (zum Beispiel Cashflow) und der Kapitalkosten. Manche dieser Konzepte sind patentiert worden und werden, meistens durch Beratungsgesellschaften, vermarktet. Mit Hilfe des nachstehenden Kriterienkatalogs lässt sich ein Anforderungsprofil für funktionsfähige Konzepte zur wertorientierten Unternehmenssteuerung definieren. Sie sollen

- nachvollziehbare Analysen über die Quantifizierung und das Erreichen einer risikobasierten Mindestverzinsung ermöglichen
- Geschäftsstrategien in ihrer Gesamtheit und in periodischen Entwicklungsstufen abbilden
- keine Überschneidungen mit anderen Controllingansätzen im Unternehmen zulassen
- Konsistenz in der Ergebnisermittlung sicherstellen.

Um eine grundlegende Vorstellung von der Arbeitsweise solcher Steuerungskonzepte zu vermitteln, werden im Folgenden der CFROI (Cashflow-Return-on-Investment) und die EVA-Methode (Economic-Value-Added) exemplarisch vorgestellt.

5.3.1.1 Cashflow-Return-On-Investment (CFROI)

Neben den zahlreichen unternehmensinternen Berechnungsansätzen zur Bestimmung der Unternehmenswertsteigerung darf bei der Entscheidung für ein solches Steuerungskonzept der Aspekt der externen Analysemöglichkeiten nicht außen vor bleiben. Hierbei gilt es zu bedenken, dass der außenstehende Betrachter normalerweise einen nur sehr eingeschränkten Zugang zu unternehmensbezogenen Informationsquellen hat. Doch gerade die Unternehmensbewertung aufgrund von extern verfügbaren Daten hat eine nicht zu unterschätzende Relevanz. Nicht zuletzt werden von weltweit bekannten Rating-Agenturen diese Daten, die im Wesentlichen aus Geschäftsberichten entnommen werden können, benötigt und genutzt, um so zu einem relevanten Bewertungsergebnis zu gelangen. Solche Ratings haben für das betroffene Unternehmen oft weitreichende Auswirkungen.

Mit Hilfe des CFROI wird versucht, durch die Gegenüberstellung des erwirtschafteten Bruttokapitalwertes (= Summe der diskontierten Einzahlungen) und des eingesetzten Kapitals (= Anschaffungsauszahlung) den internen Zinsfuß einer Investition, eines Bereichs oder eines Unternehmens zu bestimmen. Als Einzahlungen fließen die Operating-Cashflows sowie der Liquidationswert des Vermögens am Ende des Planungshorizonts in die Kalkulation mit ein. Als Auszahlungen werden die zu einer fiktiven Neuanschaffung nötigen, um Preissteigerungen bereinigten Investitionen berücksichtigt. Der Operating-Cashflow ergibt sich, indem von allen aus betrieblichen Aktivitäten resultierenden Einzahlungen während einer Periode alle betrieblich bedingten Auszahlungen, die Ersatzinvestitionen und die Steuerzahlungen, entsprechend subtrahiert werden. Der ermittelte Saldo steht dem Unternehmen für Erweiterungsinvestitionen und als Free-Cashflow für Ausschüttungen, Anteilsrückkauf, Zinszahlungen und Tilgung anderer Ansprüche zur Verfügung. Dieser Zusammenhang stellt sich wie folgt dar:

$$-A_0 + \sum_{i=1}^{n} \frac{OCF_t}{(1+r_{CFROI})^t} + \frac{A_{Liq}}{(1+r_{CFROI})^n} = 0.$$

Es gilt:

A_0 = Preisbereinigte Investitionen für fiktive Neuanschaffungen (Bruttoinvestitionsbasis)
OCF_t = Operating-Cashflow der jeweiligen Periode t)
A_{liq} = Liquidationswert des Vermögens am Ende der Laufzeit (n).

Wird die Gleichung nach r_{CFROI} aufgelöst, erhält man die in der Vergangenheit erreichte interne Verzinsung oder Rendite des Unternehmens. Diese Größe wird mit dem durchschnittlichen Kapitalkostensatz des Unternehmens verglichen. Ist dieser geringer als der r_{CFROI}, führt die Maßnahme zu einer Unternehmenswertsteigerung. Im umgekehrten Fall wird es zu einer Wertminderung kommen. Der CFROI liefert auch zukunftorientierte Informationen. Ist das zukünftige Investitionsportfolio eines Unternehmens bekannt, lassen sich künftige Einzahlungsüberschüsse durch Multiplikation mit den beabsichtigten Investitionen prognostizieren. Das untermauert seine Relevanz als Instrument zur Unternehmenswertanalyse und -prognose für externe Interessengruppen, da alle benötigten Daten aus dem Jahresabschluss ableitbar sind.

5.3.1.2 Economic-Value-Added (EVA)

Hinter EVA verbirgt sich eine relativ moderne Kennzahl, die Managern zur Unternehmensbeurteilung besonders aussagekräftige Werte liefern soll. Die Kennzahl gibt Auskunft darüber, inwieweit es der Unternehmensleitung gelungen ist, Werte innerhalb der betrachteten Periode zu schaffen oder zu vernichten. Ein positiver EVA bedeutet, dass ein Unternehmen mehr Ertrag erzielt hat, als für den reibungslosen Geschäftsbetrieb erforderlich gewesen wäre und seine Marktposition dadurch gesichert beziehungsweise gestärkt hat. Im Unterschied zum CFROI verwendet EVA als Basisparameter keine Zahlungsstrom-, sondern eine Periodenerfolgsgröße. EVA lässt sich kalkulatorisch ermitteln, indem die Differenz zwischen den Kapitalkosten und der realisierten Rendite einer Investition gebildet und mit dem eingesetzten Kapital multipliziert wird. Diese Differenz repräsentiert eine absolute finanzielle Größe, deren Berechnung auf Jahresbasis durchgeführt wird. Es gilt:

$$EVA = (ROCE - Kapitalkosten) * eingesetztes\,Kapital.$$

ROCE (Return-on-Capital-Employed) ist der Quotient aus dem operativen Ergebnis nach Steuern (= Net-Operating-Profit-after-Taxes oder NOPAT) und dem investiertem Kapital (= Net-Operating-Assets oder NOA).

$$ROCE = \frac{NOPAT}{NOA}.$$

Durch Einsetzen und Umformung beider Gleichungen ergibt sich folgender Ausdruck:

$$EVA = NOPAT - NOA * Kapitalkosten.$$

Die Funktionsweise der EVA-Methode ist im Beispiel 5.1 illustriert.

Beispiel 5.1: Durchführung einer EVA-Bewertung

Ein Unternehmen erhält einen Zusatzauftrag und soll prüfen, ob dieser im Sinne einer Erhöhung des Economic-Value-Added realisiert werden soll. Der Auftrag beläuft sich auf € 50.000, wobei eine Ertragsmarge von 20 % wahrscheinlich ist. Zu seiner Ausführung ist eine Erhöhung des Umlaufvermögens um € 25.000 notwendig. Es entstehen zusätzliche operative Kosten von € 6.000. Der durchschnittlich unterstellte Kapitalkostensatz wird mit 10 % angegeben. Der anzuwendende Gewinnsteuersatz beträgt 50 %.

Als erste Komponente wird der Net-Operating-Profit-after-Taxes, NOPAT, berechnet:

	Zusätzliches Betriebsergebnis	€ 10.000
−	zusätzliche operative Kosten	€ 6.000
−	finanzwirksame Steuern	€ 2.000
=	NOPAT	€ 2.000

Die weiteren für die EVA-Ermittlung relevanten Größen sind bereits bekannt. Die Net-Operating-Assets (NOA) sind in diesem Beispiel mit der für die Ausführung des Auftrags notwendigen Ausweitung des Umlaufvermögens gleichzusetzen. Demnach ist NOA gleich € 25.000. Der Kapitalkostensatz ist ebenfalls vorgegeben. Zur Berechnung des EVA werden die Werte in die Formel eingesetzt:

$$EVA = NOPAT - NOA * Kapitalkosten =$$
$$2.000 - 25.000 * 10\% = -500.$$

Im Beispielfall würde durch die Annahme des Zusatzauftrags ein negativer EVA entstehen, der folglich zu einer Reduzierung des Unternehmenswertes führen würde. Die Empfehlung des Finanzcontrolling wäre, den Auftrag abzulehnen.

Anhand der EVA-Methode ergeben sich drei Ansatzpunkte, um den Unternehmenswert zu steigern:

- Steigerung des operativen Ergebnisses, ohne zusätzliches Kapital zu binden; hieraus resultiert eine höhere Rendite
- zusätzliches Kapital wird in solche Projekte investiert, die eine über den Kapitalkosten liegende Rendite erwarten lassen
- Liquidierung von Bereichen und Projekten, die nicht die mit ihnen verbundenen Kapitalkosten decken und Kapitalallokation in profitablere Vorhaben.

In der Gesamtbeurteilung von EVA wird die Verknüpfung von dynamischen Zahlungsströmen (NOPAT) und statischen Größen aus dem Rechnungswesen (NOA) oft als Problem erachtet. Weiterhin wird kritisiert, dass die Werttreiber nicht differenziert genug abgebildet werden. Vorteilhaft ist bei EVA, dass er ähnlich wie der CFROI auf extern verfügbare Daten aufsetzt und daher ein geeignetes Unternehmenswertanalyseverfahren für externe Analysten darstellt. Auch die relative Einfachheit und die damit einhergehende leichte Kommunizierbarkeit sprechen für die EVA-Methode.

5.3.2 Risikocontrolling und -management

Risiken unterschiedlichster Art beeinflussen alle finanzwirtschaftlichen Entscheidungen und die daraus resultierenden Ergebnisse. Jedes Konzept für wertorientierte Unternehmenssteuerung muss, sowohl bei der Festlegung des finanzwirtschaftlichen Zielsystems als auch bei jeder Entscheidung über entsprechende Maßnahmen zur Zielerreichung, alle relevanten Risiken berücksichtigen. Diese Entwicklung macht nicht nur die Einbeziehung einer Risikoorientierung in Performance-Messungen von Unternehmungen erforderlich, sondern verlangt auch nach einer stärkeren Gewichtung des Risikocontrolling und -managements im Finanzbereich. Ähnlich wie beim Finanzcontrolling sind auch beim Risikocontrolling keine unstrittigen Aussagen über die organisatorische Zuordnung im Unternehmen möglich. Risikocontrolling können als separate Abteilungen der Geschäftsführung unterstellt sein, als Unterabteilungen des Controlling existieren oder aber auch Bestandteil einer jeden spezifischen Controllingeinheit sein, also auch des Finanzcontrolling. Vor diesem Hintergrund wird auf den folgenden Seiten ein Überblick gegeben, welche Elemente das Risikocontrolling und -management umfassen sollte und wie es im idealtypischen Fall arbeitet, unabhängig von seiner organisatorischen Zuordnung.

Risikocontrolling und -management wird häufig als Gesamtheit aller Institutionen, Prozesse und Instrumente betrachtet, die im Rahmen der Risikoproblemlösung in Unternehmen eingesetzt werden. Es beschäftigt sich demnach mit Risiken, die im Unternehmen bei Ausübung seiner betrieblichen Tätigkeit entstehen können. Ziel der Aktivitäten ist nicht die Ausschaltung aller Risiken, sondern der Versuch, Risiken zu klassifizieren, zu bewerten und adäquate Strategien für den Umgang mit Risiken zu erarbeiten. Die wachsende Bedeutung des Aufgabengebietes ist auf folgende Entwicklungen zurückzuführen:

- Zunehmende Sensibilisierung der Unternehmensführung hinsichtlich bestehender unternehmerischer Risiken.
- Weiterentwicklung der Informationstechnologie und die damit verbundene Möglichkeit, große Datenmengen, wie sie bei der quantitativen Risikoanalyse üblich sind, zu verarbeiten und steuerungsgerecht aufzubereiten.
- Unternehmenszusammenbrüche und hohe Verluste, aufgrund unzureichender Risikovorsorge.

Risikocontrolling kann in eine materielle und eine formelle Perspektive unterteilt werden. Unter dem materiellen Aspekt wird tendenziell eher die Ausgestaltung und Umsetzung der Risikopolitik verstanden. Dieser Bereich wird gemeinhin vom Risikomanagement abgedeckt. Das Risikocontrolling setzt sich mit der eher formellen Perspektive auseinander. Hierunter fallen die Ausgestaltung der Institutionen, der Prozesse und Instrumente, die im Rahmen einer Risikosteuerung erforderlich sind. Dieser Risikosteuerungsprozess umfasst die Elemente Risikoidentifikation, Risikoanalyse und Risikobewertung. Das Risikocontrolling bildet die Klammer über die Teilbereiche und verfolgt primär das Ziel, dem Unternehmensmanagement als bereichsübergreifende Führungs- und Entscheidungshilfe zur Seite zu stehen. Hieraus erwächst die Aufgabe, entscheidungsrelevante Informationen über bestehende und drohende Risiken bereitzustellen. Deshalb fällt ein informatives, empfängerorientiertes und zeitnahes Berichtswesen ebenso in die Verantwortung des Risikocontrolling wie die kontinuierliche Kontrolle der Maßnahmen zur Risikoreduzierung bzw. zur Steuerung potenzieller Risiken. Um diesen Anforderungen gerecht zu werden, ist ein unternehmensweites Risikobewusstsein unerlässlich.

5.3.2.1 Risikokalküle

Im Rahmen einer jeden Managemententscheidung sollte das angesprochene Risikobewusstsein präsent sein. Im Wesentlichen spielen hierbei zwei Aspekte eine Rolle, nämlich das Risikotragfähigkeitskalkül und das Chance-Risiko-Kalkül.

Beim **Risikotragfähigkeitskalkül** steht die Frage des Unternehmensfortbestands im Vordergrund. Es wird verifiziert, ob das Unternehmen ein einzugehendes Risiko überhaupt tragen, oder aufgrund der beim Eintreten der Risiken wirksam werdenden Verluste nicht mehr bestehen kann. Um diese Prüfung durchführen zu können, muss zunächst das maximale Verlustpotenzial aus allen getätigten Geschäften und den damit verbundenen Risiken ermittelt werden. Die Risiken bzw. möglichen Verluste werden zu den Risikogruppen (Liquiditäts-, Adressenausfall-, Marktpreis-, Betriebs- und Rechtsrisiko) zusammengefasst. Anschließend wird das **Risikotragfähigkeitspotenzial** ermittelt. Dieses lässt sich als der Geldbetrag definieren, der dem maximalen Verluste entspricht, der durch verfügbare Kapitalbeträge maximal abgedeckt werden kann. Zu diesem Zweck werden alle vorhandenen, zur Risikodeckung geeigneten Reserven, wie Eigenkapital, Liquiditätsreserven und laufende Erträge, aggregiert. Ebenso wird ein Verwendungsplan erstellt, der aufzeigen soll, welche Art von Reserve bei welchem Verlustausmaß verwendet werden soll.

Wahrscheinlichkeit (Totalverlustpotenzial $\leq$ Risikotragfähigkeit) $\geq$ x %.

Die Formel stellt das maximale Verlustpotenzial (Totalverlustpotenzial) dem Risikotragfähigkeitspotenzial gegenüber. Folglich wird die Risikotragfähigkeit überprüft. Die Gleichgewichtsbedingung bezieht sich allerdings auf einen zukünftigen und damit unsicheren Zeitraum. Von daher wird ein

Wahrscheinlichkeitsindikator (x %) verwendet, der angibt, mit welcher Wahrscheinlichkeit diese Gleichgewichtsbedingung in Zukunft erfüllt sein wird. Dieser Wahrscheinlichkeitswert wird nahe 100 % sein, wenn es sich um ein sehr risikobewusstes und vorsichtig operierendes Unternehmen handelt. Wird im risikofreudigeren Fall der Faktor beispielsweise auf 92 % festgelegt, bedeutet das, dass das maximal tolerierte Restrisiko 8 % ausmachen darf. Folglich darf in 8 % der zukünftigen Fälle das Totalverlustpotenzial das Risikotragfähigkeitspotenzial übersteigen.

Das **Chancen-Risiko-Kalkül** dient der Feststellung, inwieweit sich das bewusste Eingehen von Risiken für ein Unternehmen lohnt. Grundidee hinter diesem Verfahren ist, dass zusätzliche Erträge nur durch die Übernahme von zusätzlichen Risiken zu realisieren sind. Folglich muss das Unternehmen für jedes Risiko tragende Geschäft eine subjektiv zu bestimmende Risikoprämie fordern, die dem übernommenen Risiko entspricht. Diese Risikoprämie ist ein fester Bestandteil der für jedes Produkt zu ermittelnden Mindestergebnisforderung. Nur wenn diese Mindestforderung mit einer als ausreichend beurteilten Wahrscheinlichkeit erreicht wird, wird das Eingehen einer solchen Risikoposition als lohnend eingestuft.

5.3.2.2 Risikoquantifizierung am Beispiel der Duration-Analyse

Jede Art von Risiko erfordert spezifische Ermittlungsverfahren bzw. Bewertungsverfahren. Die eingesetzten Methoden variieren zwischen eher intuitiven Verfahren (Checklisten, Scoring-Modelle u.a.m.) und mathematisch-statistischen Verfahren. Die **Duration** gehört zur letztgenannten Gruppe. Mit diesem Verfahren kann das Zinsänderungsrisiko einer Kapitalanlage beurteilt werden, die bis zur Endfälligkeit gehalten wird. Eine Zinsänderung bringt grundsätzlich zwei Änderungen mit sich. Zum einen verändert sich der Kurswert der Anleihe, zum anderen ändert sich der Wiederanlagezins. Die beiden Entwicklungen verlaufen gegensätzlich, denn steigt der Kurs eines festverzinslichen Wertpapiers, dann sinkt gleichzeitig der Zins und umgekehrt. Die Duration gibt die durchschnittliche, dynamisierte Bindungsdauer (in Jahren) einer Finanzanlage an. Dies entspricht inhaltlich dem Zeitpunkt (in Jahren) für den die geplante Ausgangsrendite trotz Zinsänderung gesichert werden kann; der Ertrag der Kapitalanlage also immun gegen das Zinsänderungsrisiko ist. Zur Berechnung der Kennzahl werden die Zins- und Tilgungsfälligkeiten (t) mit den Barwerten der dazugehörigen Zahlungen (Z_t) gewichtet und dann durch die Summe der Barwerte dividiert. Die Duration (D) berechnet sich als:

$$D = \frac{\sum_{t=1}^{n} t * Z_t * (1+i)^{-t}}{\sum_{t=1}^{n} Z_t * (1+i)^{-t}}.$$

Dabei steht i für die Marktrendite der betrachteten Finanzanlage und n für die Fälligkeit der Anleihe.

Beispiel 5.2: Berechnung der Duration

Es soll die Duration für ein festverzinsliches Wertpapier, das bis zur Endfälligkeit gehalten wird, mit einer Laufzeit von zehn Jahren und einer Nominalverzinsung von 10 % ermittelt werden. Die anzunehmende Marktrendite beträgt 9 %. Der aktuelle Kurs wird mit 106,42 % angegeben.

Tabelle 5.1: Ermittlung der Duration

Zahlungszeitpunkt (1)	Zins- und Tilgungsraten (2)	Barwerte (3)	Gewichtete Barwerte (1 x 3)
1	10	9,17	9,17
2	10	8,42	16,83
3	10	7,72	23,17
4	10	7,08	28,34
5	10	6,50	32,50
6	10	5,96	35,78
7	10	5,47	38,29
8	10	5,02	40,15
9	10	4,60	41,44
10	110	46,47	464,65
Summe		106,41	730,32

Die Duration dieses Wertpapiers errechnet sich als 730,32/106,41, ergibt 6,86 (Jahre). Stimmt der Planungshorizont des Entscheiders mit der Duration überein, dann wird das geplante Endvermögen sowohl bei steigendem als auch bei fallendem Zins erreicht. Die Kapitalanlage ist gegenüber dem Zinsänderungsrisiko immun.

Wertpapiere mit verschiedenen Nominalzinsen und unterschiedlicher Laufzeit können auf Basis der Duration in Bezug auf ihr Marktwertrisiko vergleichbar gemacht werden. Die Durationsanalyse lässt folgende Interpretationen zu:

- Je früher Einzahlungen anfallen, desto niedriger ist die Duration.
- Die Duration wird umso so kleiner, je höher der Nominal- oder Effektivzins ist.
- Je länger die Laufzeit ist, desto stärker steigt die Duration, allerdings mit abnehmenden Raten.

Die Duration hat den Nachteil, dass sie in Jahren gemessen wird. Diese Dimension ist aber ungeeignet, wenn es das Ziel ist, die Risikobeiträge der einzelnen Risikoarten zu einem Ausdruck zusammenzuführen. Deshalb wurde die **Modified-Duration** (MD) abgeleitet. Indem der Duration-Wert durch den Marktzins (1+i) dividiert wird, repräsentiert er die Veränderung des Kurswertes einer Kapitalanlage in Prozentpunkte. Die absolute Änderung des Kurswertes (ΔK) ergibt sich, indem der aktuelle Kurswert (K_0) mit dem Wert der Modified-Duration (MD) und der Zinsänderung in Prozentpunkten (Δi) multipliziert wird.

$\Delta K = MD * K_0 * \Delta i$.

Beispiel 5.3: Ermittlung der absoluten Kurswertänderung

Die Duration der in Beispiel 5.2 untersuchten Anleihe wurde mit 6,86 Jahren berechnet. Der aktuelle Kurswert belief sich auf 106,42 %. Unter der Bedingung, dass sich die Marktrendite von 9 % auf 9,5 % erhöht, soll die absolute Kurswertänderung berechnet werden. Die Modified-Duration beträgt:

(6,86/(1+0,09)) = 6,29

Die absolute Kurswertänderung beträgt:

$\Delta K = 6{,}29 * 106{,}41 * 0{,}005 = 3{,}34.$

Der Wert besagt, dass sich der Kurswert des Wertpapiers bei einem Anstieg der Marktrendite von 9 % auf 9,5 % um € 3,34, also von € 106,41 auf € 103,07 reduziert. Der Beitrag dieser Finanzanlage zum Gesamtrisikopotenzial des Unternehmens beläuft sich – unter Berücksichtigung der getroffenen Annahmen – auf € 3,34 je nominal € 100 Anleihewert.

Die Duration-Analyse ist nicht kritikfrei. Sie unterstellt eine Parallelverschiebung einer flachen Zinsstrukturkurve. Dies bedeutet, dass sich die Zinsen für jede Laufzeit in dieselbe Richtung und, in Prozentpunkten gemessen, um denselben Betrag verändern. Kommt es zu einer Drehung der Zinsstrukturkurve, kann die Duration und damit das Zinsänderungsrisiko nicht fehlerfrei ermittelt werden.

5.3.3 Finanzdispositionscontrolling/Cash-Management

Ein anderer Aspekt der finanzwirtschaftlichen Unternehmenssteuerung wird vom Finanzdispositionscontrolling oder Cash-Management wahrgenommen. Hierunter werden in erster Linie die optimale Liquiditätsplanung, -disposition und -überwachung sowie die Realisierung des konzerninternen Liquiditätsausgleiches unter Aufrechterhaltung des finanziellen Gleichgewichts und der Verfolgung der Unternehmenswertsteigerung verstanden. Zu den Hauptaufgaben des Cash-Managements zählen:

- Permanente und zeitnahe Information des Finanzmanagers über alle Finanztransaktionen des Unternehmens weltweit
- Minimierung der Zinskosten und Optimierung der Zinserträge durch frühzeitiges Aufdecken von Liquiditätsüber- bzw. -unterdeckung einzelner Konten
- Überwachung und Reduzierung von Währungs- und Zinsrisiken

- Schnelle und zielgerichtete Liquiditätssteuerung durch den Einsatz computerunterstützter Cash-Management-Systeme

Cash-Management hat sich besonders bei international agierenden Unternehmen mit einer hohen Anzahl von Finanztransaktionen zwischen den Konzerngesellschaften etabliert. Die Hauptzielsetzung ist die Herbeiführung eines internationalen Liquiditätsausgleichs. Hierbei werden in der Regel zwei Verfahren angewendet, das Netting und das Pooling.

Bei der konzerninternen Verrechnung spricht man vom **Netting** oder auch **Clearing**. Verstanden wird darunter die Saldierung der konzerninternen Forderungen und Verbindlichkeiten, um die durch nationale und internationale Finanztransfers verursachten Transaktionskosten zu reduzieren. In diesem Zusammenhang denkt man in erster Linie an die Einsparung von Bankgebühren und -provisionen sowie die Abkürzung der Transferzeit, was eine Vermeidung von Zinskosten wegen Nichtverfügbarkeit von liquiden Mitteln bewirken kann.

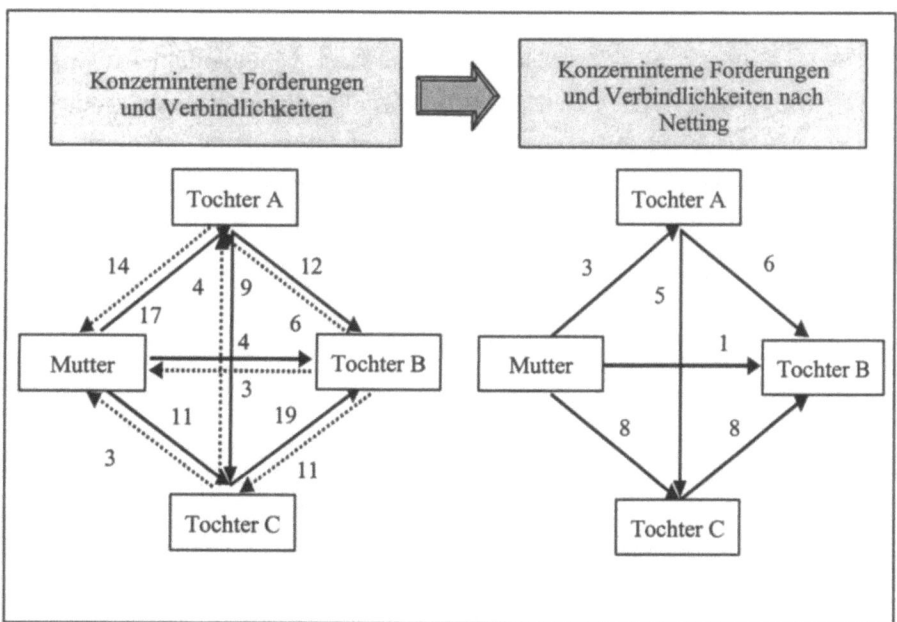

Abbildung 5.1: Bilaterales Netting zwischen Konzerngesellschaften

Abbildung 5.1 zeigt die Abwicklungen des bilateralen Nettings. Findet dieses Konzept Anwendung, werden lediglich alle gegenläufigen Zahlungsströme zweier Gesellschaften miteinander verrechnet und ein Nettotransfersaldo wird bestimmt. Im Gegensatz hierzu umfasst das multilaterale Netting Zahlungsströme zwischen beliebig vielen Konzerngesellschaften. Jede der einzelnen Konzerngesellschaften geht nach Beendigung des Netting-Prozesses entweder als Nettogläubiger (Summe der konzerninternen Zahlungseingänge sind größer als Summe der konzerninternen Zahlungsausgänge) oder als Nettoschuldner (umgekehrter Fall) hervor. Multilaterales Netting erfordert ein stringentes Liquiditätscontrolling und eine zentrale Koordination.

Beim **Pooling** sind die Konzerngesellschaften verpflichtet, alle nicht zu Transaktionszwecken benötigten Finanzmittel an einen zentral gemanagten Cashpool abzuführen. Konzerneinheiten, die Finanzierungsbedarf haben, werden aus diesem Pool heraus versorgt. Auch mit dem Pooling wird konzernweite Liquiditätsvorhaltung reduziert und bringt daher ähnlich positive Effekte wie das Netting hervor.

Zusammenfassend ist feststellbar, dass das Cash-Management ein modernes finanzwirtschaftliches Instrument ist, das den Anforderungen moderner, wertorientierter Unternehmenssteuerung nachkommt. Jede hierdurch realisierte Reduzierung der durch Finanztransfers ausgelösten Transaktionskosten ist ein Beitrag zur Unternehmenswertsteigerung.

Übungsaufgaben zum 5. Kapitel

Aufgabe 5.1:
Welche Teilgebiete umfasst das Cash-Management?

Aufgabe 5.2:
Das Finanzcontrolling eines weltweit tätigen Konzerns ist beauftragt, den Wert des Eigenkapitals mit Hilfe der EVA-Methode zu bestimmen. Als Basisdaten liegt eine Bilanzprognose vor. Hieraus ist die Bilanzentwicklung der folgenden Jahre erkennbar. Alle Angaben sind in Tsd. €:

Bilanz per Ende des Jahres	0	1	2	3	4	5
Umlaufvermögen	900	952	1.007	914	1.033	1.084
Sachanlagen	1.000	1.000	1.020	1.120	1.120	1.020
Aktiva	1.900	1.952	2.027	2.034	2.153	2.104
Eigenkapital	700	752	827	834	853	804
Kreditoren	200	200	200	200	200	200
Übriges verzinsliches Fremdkapital	1.000	1.000	1.000	1.000	1.100	1.100
Passiva	1.900	1.952	2.027	2.034	2.153	2.104

Die durchschnittlichen Kapitalkosten werden mit 10% angenommen. Der Net Operating Profit after Taxes (NOPAT) liegt ebenfalls bereits als Ergebnis aus Prognoserechnungen vor:

Jahr (Prognose)	0	1	2	3	4	5	6
NOPAT		392	320	132	264	280	280

Ermitteln sie den Wert des Eigenkapitals.

Aufgabe 5.3:
Welche Zielsetzung verfolgt ein Unternehmen, das sowohl das Risikotragfähigkeits- als auch das Risiko-Chance-Kalkül ermittelt?

Aufgabe 5.4:
Wie unterscheiden sich die Funktionen „Finanzcontroller" und „Finanzmanager"?

Aufgabe 5.5:
Weshalb sollten Unternehmen bei der Entscheidung für ein Value-based-Management-System die Analysemöglichkeit durch externe Betrachter nicht außer Acht lassen?

Aufgabe 5.6:
Aus welchen praktischen Gründen haben sich die Anforderungen an ein modernes Finanzcontrolling in den letzten Jahren spürbar gewandelt?

Aufgabe 5.7:
Es soll die Duration eines festverzinslichen Wertpapiers mit einer Laufzeit von fünf Jahren und einer Nominalverzinsung von 7 % berechnet werden. Die unterstellte Marktrendite beträgt 6 %. Das Papier notiert aktuell mit 104,21 %. Berechnen Sie den Wert der Duration und interpretieren Sie diese Risikomessgröße.

Tipps zur Lösung der Übungsaufgaben

Aufgabe 1.1:

Die Interessen der einzelnen Stakeholdergruppen (z.B. Mitarbeiter, Kunden) unterscheiden sich deutlich.

Aufgabe 1.2:

Informationsasymmetrien bestehen vor und nach dem Vertragsabschluss.

Aufgabe 1.3:

Der Barwert einer Investition ist entlang der Iso-Barwertlinie gleich.

Aufgabe 2.6:

In beiden Fällen handelt es sich um eine horizontale Bilanzkennzahl.

Aufgabe 2.8:

Angesichts der Unsicherheit der Umwelt schwanken die Erlöse der Investitionen (= Investitionsrisiko). Zinszahlungen wirken gewinnmindernd.

Aufgabe 2.9:

Die Formel zur Berechnung der Eigenkapitalrentabilität

$$r_{EK} = r_{GK} + \frac{FK}{EK} * (r_{GK} - i).$$

Aufgabe 2.10:

Die Formel zur Berechnung des Marktwertes lautet:

$$GK^M = EK^M + FK^M = \frac{g}{\varsigma_K}$$

Aufgabe 3.1:

Die Formel für den durchschnittliche Kapitalkostensatz lautet:

$$r_d = r_{EK} * \frac{EK^M}{EK^M + FK^M} + i * \frac{FK^M}{EK^M + FK^M}$$

Aufgabe 3.2:

Zunächst wird für jede Finanzierungsalternative die Fremdfinanzierungszahlungsreihe aufgestellt. Anschließend wird die Effektivverzinsung berechnet. Die Formel lautet: $C_0 = \sum_{t=0}^{n} \frac{EZÜ_t}{(1+r)^t} - \sum_{t=0}^{n} \frac{AZÜ_t}{(1+r)^t} = 0$.

Aufgabe 3.4:

Zunächst müssen die Einzahlungsüberschüsse unter Berücksichtigung der unterschiedlichen Eintrittswahrscheinlichkeiten berechnet werden.

Aufgabe 3.6:

Ein Investor ist risikoneutral, wenn er das Risiko unberücksichtigt lässt. Der von der Bank geforderte Fremdkapitalzins muss so niedrig sein, dass die Unternehmensgründung zu einem höheren Endvermögen führt als die sichere Kapitalanlage. Deshalb ist zunächst die erwartete Rendite der Unternehmensgründung zu bestimmen.

Aufgabe 4.5:

$$\text{Bilanzkurs} = BK = \frac{\text{bilanziertes Eigenkapital} * 100\%}{\text{Grundkapital}}$$

$$\text{Mischkurs} = K_M = \frac{K_a * n_a + K_{EM} * n_j}{n_a + n_j}.$$

Aufgabe 4.10:

Das Bezugsrecht ergibt sich als: $BR = K_a - K_M$. Außerdem gilt:

$$K_M = \frac{K_a * n_a + K_{EM} * n_j}{n_a + n_j}.$$

Aufgabe 5.2:

Um den Wert des Eigenkapitals zu bestimmen, ist zunächst die Summe aller diskontierten EVA zu berechnen. Anschließend muss der heutige Wert der NOA addiert und die Finanzschulden subtrahiert werden.

Aufgabe 5.7:

Die Duration ergibt sich, wenn die Summe der gewichteten Barwerte durch den aktuellen Kurs des Wertpapiers dividiert wird.

Musterlösungen zu den Übungsaufgaben

Aufgabe 1.1:
Die Shareholder sind an einer hohen Ausschüttungen und Steigerung der Anteilswerte aufgrund hoher Gewinne interessiert. Dagegen stehen die unterschiedlichen Interessen der Stakeholder. So sind die Fremdkapitalgeber primär an einer hohen und sicheren Verzinsung interessiert, während für die Arbeitnehmer die Liquidität und damit der Erhalt des Unternehmens im Vordergrund steht.

Aufgabe 1.2:
Es bestehen zwei verschiedene Informationsasymmetrien, nämlich vor und nach dem Vertragsabschluss. Vor dem Vertragsabschluss verfügt das Management über versteckte Information, es besitzt Informationen über einen entscheidungsrelevanten Gegenstand, die der Eigenkapitalgeber nicht besitzt. Für den Kapitalgeber besteht die Gefahr, dass der Agent die tatsächliche Situation vor Vertragsabschluss verschleiert, um seine eigene Position zu verbessern. Nach Vertragsabschluss kann das Management versteckte Aktivitäten ergreifen. Diese können für den Eigenkapitalgeber nicht erkennbar sein, da die Handlungsergebnisse oft von verschieden Einflüssen überlagert werden. Damit ist ein direkter Rückschluss vom Ergebnis auf die Aktion nicht möglich. Auch diese Informationsasymmetrie kann von der Unternehmensleitung vom eigenen Vorteil genutzt werden. Dabei spielt auch die Bereitschaft, moralische Wagnisse („moral hazards") einzugehen, eine wichtige Rolle. Gerade für den Kapitalnehmer kann betrügerisches Verhalten, als eine Form der moralischen Wagnisse, vorteilhaft sein. Der Kapitalgeber wiederum kann nur schwer einschätzen, wie hoch das Risiko im Einzelfall ist.

Aufgabe 1.3:
Beim Versuch, Eigenkapital zu generieren, steht das Unternehmen im Wettbewerb zum Kapitalmarkt, wo der Eigenkapitalgeber seine Mittel alternativ anlegen kann. Um für den Eigenkapitalgeber attraktiv zu sein, muss das Unternehmen eine höhere Rendite anbieten, als die Guthaben auf dem Kapitalmarkt. Nur in diesem Fall erwägt der Eigenkapitalgeber überhaupt ein finanzielles Engagement im Unternehmen. Seine Entscheidung wird jedoch auch von den eigenen Konsumplänen beeinflusst, wobei er in

der Lage ist, verschiedene Kombinationen zwischen aktuellem und zukünftigen Konsum hinsichtlich ihres Nutzens zu bewerten. Kombinationen, die ihm einen gleichen Nutzen geben, steht er indifferent gegenüber. Seine Entscheidung für oder gegen eine Investition ins eigene Unternehmen hängt somit davon ab, ob der Haushalt dadurch seinen persönlichen Nutzen maximieren kann.

Aufgabe 1.4:
Die Unterscheidung zwischen Eigen- und Fremdkapital orientiert sich an der Rechtsstellung des Kapitalgebers. Das Eigenkapital haftet für die Verpflichtungen des Unternehmens gegenüber Dritten, während das Fremdkapital eine Rückzahlungsverpflichtung für das Unternehmen begründet. Das in der Bilanz ausgewiesene Eigenkapital bildet die Basis für die Aufnahme der wirtschaftlichen Tätigkeit des Unternehmens und weist auf den Haftungsumfang des Unternehmens hin. Das Fremdkapital kann als Gesamtheit der Zahlungsverpflichtungen (= Schulden) angesehen werden.

Aufgabe 1.5:
Die Außenfinanzierung führt dem Unternehmen von außen finanzielle Mittel zu. Dies kann durch Beteiligungsfinanzierung (= Eigenfinanzierung) oder Kreditfinanzierung (= Fremdfinanzierung) geschehen. Auch die Finanzierung durch Subventionen zählt zur Außenfinanzierung. Grundlage der Innenfinanzierung ist hingegen der betriebswirtschaftliche Leistungserstellungsprozess und der damit verbundene Umsatzprozess.

Aufgabe 1.6:
Als Einnahmen werden alle vom Unternehmen in Form von Buch- oder Bargeld vereinnahmten Zahlungen bezeichnet. Ausgaben sind entsprechend geleistete Zahlungen.

Aufgabe 1.7:
Unter abstraktem Kapital versteht man die Gesamtheit aller Positionen auf der Passivseite der Bilanz; unter konkretem Kapital die Gesamtheit aller Positionen auf der Aktivseite der Bilanz.

Aufgabe 1.8:
Der Return on Investment (= ROI) ist gleichzusetzen mit der Gesamtkapi-

talrentabilität. Aufgrund der hohen Fremdkapitalquote wird der ROI in Deutschland jedoch korrigiert, indem zum ausgewiesenen Gewinn die geleisteten Zinsen addiert werden und erst dann in Beziehung zum Gesamtkapital gesetzt werden.

Aufgabe 1.9:
Die absolute Liquidität stellt die Fähigkeit eines Vermögensgegenstandes, in Zahlungsmittel umgewandelt zu werden, dar. Die relative Liquidität ergibt sich dagegen durch eine stichtagsbezogene Gegenüberstellung von Aktiv- und Passivpositionen der Bilanz.

Aufgabe 1.10:
Stichtagsbezogenen Bestandsgrößen liefern nur einen sehr ungenauen Einblick in die Liquiditätssituation des Unternehmens, da die tatsächliche Höhe des Liquidationserlöses eines Vermögensgegenstands unsicher ist. Der Liquidationserlös hängt von der Qualität des Vermögensgegenstands, den jeweiligen Marktbegebenheiten und der Dringlichkeit des Verkaufs ab.

Aufgabe 1.11:
Der Cashflow ermittelt sich als:

        Jahresüberschuss
+   alle nicht auszahlungswirksamen Aufwendungen
−   alle nicht einzahlungswirksamen Erträge
=   Cashflow

Aufgabe 1.12:
Eine Einzahlung ist gleichzusetzen mit dem Zugang an liquiden Mitteln, während eine Auszahlung dem Abgang liquider Mittel entspricht.

Aufgabe 2.1:
Nach E. Gutenberg haben folgende Faktoren einen Einfluss auf den Kapitalbedarf:

a) Prozessanordnung, Unternehmensgröße, Leistungsprogramm und Beschäftigung, die sogenannten mengenbezogene Faktoren
b) Prozessgeschwindigkeit, der zeitbezogene Faktor
c) Preis, der wertbezogene Faktor.

Aufgabe 2.2:
Die Prozessanordnung hat einen starken Einfluss auf den Kapitalbedarf, da er die Produktionsmengen und damit den Bedarf an Materialen bestimmt, der wiederum den Kapitalbedarf beeinflusst.

Aufgabe 2.3:
Die idealtypische Finanzplanung vollzieht sich, unabhängig vom Planungshorizont, in fünf Schritten:

a) Finanzprognose versucht aufgrund der erwarteten Umweltentwicklungen und der unternehmerischen Ziele, die zukünftigen Zahlungsströme zu prognostizieren. Dabei können die unterschiedlichsten Planungsmethoden (pragmatische Verfahren, kausale oder extrapolierende Prognosen) eingesetzt werden. Welche dieser Methoden einzusetzen ist, hängt u.a. vom Prognosegegenstand und vom Prognosezeitraum ab.

b) Planung der Handlungsalternativen unter Berücksichtigung der verschiedenen Möglichkeiten der Kapitalbeschaffung bzw. der Kapitalverwendung und der gegebenen unternehmerischen Ziele. Es werden Handlungsalternativen erarbeitet und bewertet.

c) Planausgleich und Planfeststellung unter Einbeziehung der als optimal erachteten Alternative der Kapitalbeschaffung bzw. der Kapitalverwendung. Umsetzung der sich ergebenden Maßnahmen.

d) Plankontrolle in Form eines Soll-Ist-Vergleichs und einer laufenden Prämissenkontrolle. Die Ursachensuche und die Analyse der Abweichungsursachen sind weitere Elemente der Plankontrolle.

e) Planrevision als kontinuierlicher Anpassungsprozess an eine sich ändernde Umwelt und an neue Unternehmensziele.

Aufgabe 2.4:
Das Ziel der kurzfristigen Finanzplanung ist es, die Plangrößen so zu steuern, dass die Liquidität des Unternehmens zu jeder Zeit sichergestellt ist. Entsprechend werden alle erwarteten Ein- und Auszahlungen des Unternehmens gegenübergestellt, um möglichst frühzeitig Hinweise auf drohende Illiquidität zu bekommen. Im Rahmen der langfristigen Finanzplanung werden anhand von Bewegungsbilanzen langfristige Kapitalbindungspläne entwickelt, in denen Mittelherkunft und -verwendung gegenübergestellt werden, um so die strukturelle Liquidität zu sichern.

Aufgabe 2.5:
Die elastische Finanzplanung versucht, das Planungsrisiko durch den Einbau von Elastizitätsreserven zu minimieren. Im Fall der Finanzwirtschaft sind dies vor allem Liquiditätsreserven und Rücklagen. Die Elastizität kann allgemein durch den Aufbau von Handlungsoptionen erreicht werden. Unter rollierender Finanzplanung wird der turnusmäßige Wechsel zwischen Finanzplänen mit gleichem Zeithorizont verstanden. Ziel dieser Planungsart ist es, kontinuierliche Plananpassungen zu ermöglichen.

Aufgabe 2.6:
Die goldene Bilanzregel fordert die Einhaltung bestimmter Relationen zwischen bestimmten Vermögens- und Kapitalarten. Im engeren Sinn wird gefordert, dass das Anlagevermögen durch Eigenkapital und langfristiges Fremdkapital gedeckt wird. Die goldene Finanzierungsregel lässt sich auf den Grundsatz der fristenkongruenten Finanzierung zurückführen. Sie besagt, dass Kapital nicht längerfristig als bis zu seinem Rückzahlungstermin investiert werden soll.

Aufgabe 2.7:
Indem der Verschuldungsgrad Fremd- und Eigenkapital gegenüberstellt, impliziert er, dass ein bestimmtes Verhältnis zwischen den beiden Größen wünschenswert sei, weil es das langfristige Überleben des Unternehmens sichern würde. Häufig wird ein Verhältnis zwischen Fremd- und Eigenkapital von 2:1 als ausreichend angesehen; generell kann eine sinnvolle Beurteil allein anhand des Verschuldungsgrads nicht erfolgen.

$$\text{Verschuldungsgrad} = \frac{\text{Fremdkapital}}{\text{Eigenkapital}} * 100.$$

Aufgabe 2.8:
Unter Kapitalstrukturrisiko wird die Schwankung der Eigenkapitalrendite allein aufgrund der Kapitalstruktur bezeichnet. Ursache für die Schwankungen sind die Fremdkapitalzinsen, die sich gewinnmindernd auswirken.

Aufgabe 2.9:
Allgemein beschreibt der Leverage-Effekt die Auswirkungen der Verschuldung auf die Eigenkapitalrentabilität.

Aufgabe 2.10:
Der Leverage-Effekt hängt von den drei die Eigenkapitalrentabilität (r_{EK}) beeinflussenden Faktoren ab:

a) Gesamtkapitalrentabilität (r_{GK})
b) Fremdkapitalzinsen (i)
c) Verschuldungsgrad ($V = \frac{FK}{EK}$).

Aufgabe 2.11:
Der Marktwert eines Unternehmens (GK^M) entspricht dem Gesamtkapital zu Marktpreisen und ergibt sich als:

$$GK^M = EK^M + FK^M = \frac{g}{\varsigma_K}.$$

Aufgabe 3.1:
a) Der durchschnittliche Kapitalkostensatz ist unter Verwendung der Formel

$$r_d = r_{EK} * \frac{EK^M}{EK^M + FK^M} + i * \frac{FK^M}{EK^M + FK^M}$$

zu berechnen. Für den ersten Summanden benötigt man den Eigenkapitalkostensatz, der mit Hilfe der CAPM-Gleichung zu ermitteln ist, also:

$$r_{EK} = R_f + (R_M - R_f) * \beta_i.$$

Werden die Werte der Aufgabe eingesetzt, erhält man:

$$0{,}035 + (0{,}09 - 0{,}035) * 0{,}8 = 0{,}079, \quad \text{also 7,9 \%.}$$

Im nächsten Schritt können die Daten in die Formel zur Berechnung des durchschnittlichen Kapitalkostensatzes werden, wobei die Summe des Gesamtkapitals, $EK^M + FK^M = 2.000.000$, beträgt. Es ergibt sich:

$$r_d = 0{,}079 * \frac{700.000}{2.000.000} + 0{,}04 * \frac{800.000}{2.000.000} + 0{,}07 * \frac{300.000}{2.000.000} +$$
$$0{,}06 * \frac{200.000}{2.000.000} = 0{,}06.$$

Für das nächste Geschäftsjahr beträgt der durchschnittliche Kapitalkostensatz 6 %.

b) Der durchschnittliche Kapitalkostensatz wird zur Beurteilung von Investitionsvorhaben herangezogen. Er dient als Diskontierungsfaktor bei der Errechnung des Barwertes eines jeden Investitionsvorhabens.

c) Eine wesentliche Schwierigkeit ist die Verfügbarkeit der Daten, die zur Berechnung der durchschnittlichen Kapitalkosten notwendig sind. Des Weiteren sind einige für die volle Funktionalität des Modells notwendige Unterstellungen, wie die relativ konstante Kapitalstruktur, in der Realität nur bedingt haltbar.

Aufgabe 3.2:

a) Die Vergleichbarkeit der Finanzierungsalternativen sollte durch Berechnung des Effektivzinssatzes herbeigeführt werden. Dieser repräsentiert die interne Verzinsung der Fremdfinanzierungszahlungsreihe.

b) Zunächst wird für jede Variante die Fremdfinanzierungszahlungsreihe aufgestellt. Danach werden die zeitpunktbezogenen Werte in die modifizierte Formel des internen Zinsfußes eingesetzt:

Variante A			
Zeitpunkt	t_0	t_1	t_2
Kapitalbetrag/Tilgung	184.000	-100.000	-100.000
Zinsen		-15.000	-7.500
Gebühren	-750		
EZÜ	183.250	-115.000	-107.500

$$C_0 = \sum_{t=0}^{n} \frac{EZÜ_t}{(1+r)^t} - \sum_{t=0}^{n} \frac{AZÜ_t}{(1+r)^t} = 0 = \frac{183.250}{(1+r)^0} - \frac{115.000}{(1+r)^1} - \frac{107.500}{(1+r)^2}.$$

Diese quadratische Gleichung wird mittels der pq-Formel aufgelöst. Die Effektivverzinsung für Variante A beträgt 14,15 %.

Variante B			
Zeitpunkt	t_0	t_1	t_2
Kapitalbetrag/Tilgung	200.000		-200.000
Zinsen		-16.000	-16.000
Gebühren	-750	-75	-75
EZÜ	199.250	-16.075	-216.075

$$C_0 = \sum_{t=0}^{n} \frac{EZÜ_t}{(1+r)^t} - \sum_{t=0}^{n} \frac{AZÜ_t}{(1+r)^t} = 0 = \frac{199.250}{(1+r)^0} - \frac{16.075}{(1+r)^1} - \frac{216.075}{(1+r)^2}.$$

Die Effektivverzinsung bei Variante B beträgt 8,25 %. Folglich ist Variante B zu präferieren.

a) Mit den üblichen mathematischen Methoden kann die interne Verzinsung für maximal zwei Perioden berechnet werden. Die Effektivverzinsung für längere Laufzeiten kann unter Verwendung von Näherungsformeln oder mit Hilfe spezieller Software bestimmt werden.

Aufgabe 3.3:
Der Grund, warum Unabhängigkeit in den Zielkatalog finanzwirtschaftlicher Entscheidungskriterien mitaufgenommen wird, ist, dass das Finanzmanagement die ihm gestellten Anforderungen tendenziell besser erfüllen kann, wenn es über ein großes Maß an Dispositionsfreiheit und Flexibilität verfügt. Wird neues Kapital aufgenommen, werden damit auch neue Mitspracherechte geschaffen. In der Regel führt die verstärkte Eigenkapitalzuführung zu größeren Mitspracherechten als im Falle der Fremdfinanzierung.

Aufgabe 3.4:
Die nachfolgende Tabelle zeigt die Einzahlungsüberschüsse nach Ablauf einer Periode ($EZÜ_{t_1}$) für die beiden Investitionsobjekte. Die letzte Tabellenspalte gibt an, für welche Investition sich die Eigen- bzw. Fremdkapitalgeber entscheiden würden. Im Fall einer 45 %-Fremdmittelfinanzierung votieren die Fremdkapitalgeber für Investitionsobjekt 1, weil sie hier mit einer sicheren Zahlung von Tilgung und Zinsen rechnen können.

Eigen-/Fremdfinanzierung	Finanzierung		IO_1	IO_2		Entscheidung der EK-/FK Geber
	Finanzierungsanteil in %	Finanzierungsanteil in Tsd. € $A_0 = 400$	$EZÜt_1$ sicher in Tsd. € 440	$EZÜt_1$ Wahrscheinlichkeit 0,6 in Tsd. € 220	$EZÜt_1$ Wahrscheinlichkeit 0,4 in Tsd. € 700	Erwartungswert in Tsd. €
EK	100 %	400	440	220	700	412	1
FK	0 %						–
EK	55 %	220	242	22	502	214	1
FK	45 %	180	198	198	198	198	1
EK	25 %	100	110		370	148	2
FK	75 %	300	330	220	330	264	1

Bei einer Finanzierung von 25 % Eigen- und 75 % Fremdkapital stimmen die Eigenkapitalgeber für IO_2, während die Fremdkapitalgeber IO_1 bevorzugen. Die Diskrepanz kommt dadurch zustande, dass die Eigenkapitalgeber Teile ihres Investitionsrisikos auf die Fremdkapitalgeber abwälzen. Tritt der ungünstige Fall ein, nämlich dass nur ein $EZÜ_t$ von € 220.000 erzielt werden kann, erhalten die Fremdkapitalgeber ihre Forderung nicht vollständig zurück. Sie erhalten nur € 220.000 anstatt den ihnen zustehenden € 330.000. In diesem Zusammenhang wird deutlich, dass die Fremdkapitalgeber ein Ausfallrisiko zu tragen haben.

Aufgabe 3.5:
Bei Ungewissheit liegen dem Entscheider überhaupt keine auswertbaren Informationen über Art und Intensität von Einflussfaktoren auf das Ergebnis vor. Im Falle des Risikos ist der Entscheider in der Lage, den erwarteten Ergebniswerten subjektive Wahrscheinlichkeiten zuzuordnen. Diese Methode erlaubt die Anwendung der Wahrscheinlichkeitstheorie.

Aufgabe 3.6:
a) Endvermögen in t_1 (nach dem ersten Geschäftsjahr) bei Wahl der sicheren Kapitalanlage:
2 Mio. * (1+0,06) = € 2,12 Mio.
Endvermögen in t_1 bei Wahl der Unternehmensgründung:

1 Mio. * 0,3 + 2 Mio. * 0,3 + 3 Mio. * 0,4 = € 2,1 Mio.

Der Kapitalanleger bevorzugt die sichere Kapitalanlage zu 6 %.

b) Die sichere Kapitalanlage garantiert dem Kapitalanleger ein Endvermögen in t_1 von € 2,12 Mio.. Er entscheidet sich für die Unternehmensgründung, wenn der Fremdkapitalzins so niedrig ist, dass die Unternehmensgründung dadurch zu einem höheren Endvermögen führt als die sichere Kapitalanlage, also gilt:

$$2,12 \text{ Mio.} \leq 1 \text{ Mio.} * 1,06 + (2 \text{ Mio.} - 1 \text{ Mio.}(1+r)) * 0,3 + (3 \text{ Mio.} - 1 \text{ Mio.}(1+r)) * 0,4$$

$r \leq 5,714$ %.

Liegt der von der Bank geforderte Zinssatz unter 5,71 %, wird sich der Kapitalgeber für die Gründung des Unternehmens entscheiden.

a) Für die kreditgebende Bank ergibt sich unter Berücksichtigung der Werte aus b) eine erwartete Rendite (r_e) aus der Fremdfinanzierung:

$$r_e = \frac{1 \text{ Mio.} * 0,3 + 1 \text{ Mio.} * 1,05714 * 0,3 + 1 \text{ Mio.} * 1,05714 * 0,4}{1 \text{ Mio.}} - 1$$

$r_e = 4,0$ %

Die Bank wird der Kreditvergabe nicht zustimmen, da sie das Kapital am Kapitalmarkt zu 6 % anlegen kann.

Aufgabe 4.1:

In der Handelsbilanz wird das auszuweisende Eigenkapital einer Aktiengesellschaft in die Bilanzpositionen gezeichnetes Kapital, Kapitalrücklage, Gewinnrücklage (gesetzliche Rücklage, Rücklage für eigene Anteile, satzungsmäßige Rücklage, andere Gewinnrücklagen), Gewinnvortrag bzw. Verlustvortrag und Jahresüberschuss bzw. -fehlbetrag untergliedert.

Aufgabe 4.2:

Nennwertaktien haben einen Nominalwert. Die Summe der Nominalwerte aller emittierten Aktien ergibt das Grundkapital einer AG. Stückaktien führen keinen Nominalwert. Sie repräsentieren einen gleich hohen Anteil des Grundkapitals. Der auf jede Aktie entfallende Anteil des Grundkapitals darf pro Aktie € 1 nicht unterschreiten. Quotenaktien sind in Deutschland nicht erlaubt. Der Wert einer Aktie wird hier als Quote am Reinvermögen ausgedrückt.

Aufgabe 4.3:
Die Untergrenze bildet der Parikurs, d.h., dass bei Nennwertaktien der Nominalwert und bei Stückaktien der rechnerische Anteil am Grundkapital und der Kurswert eines Wertpapiers identisch sind. Die Obergrenze wird durch den aktuellen Börsen- oder Tageskurs der alten Aktien bestimmt.

Aufgabe 4.4:
Der Bilanzkurs repräsentiert den rechnerischen Wert einer Aktie und wird auf Basis der Bilanz ermittelt. Er gibt das Verhältnis zwischen der Summe aus gezeichnetem Kapital sowie Rücklagen und gezeichnetem Kapital an.

Aufgabe 4.5:
a) Der Bilanzkurz errechnet sich als:

$$BK = \frac{\text{bilanziertes Eigenkapital} * 100\%}{\text{Grundkapital}}$$

$$BK = \frac{(24\text{Mio.} + 6\text{Mio.}) * 100\%}{24\text{Mio.}} = 125\%$$

Der Bilanzkurs beträgt 125 %. Eine Aktie mit einem Nominalwert von € 10 hat demnach, auf Basis der bilanziellen Verhältnisse, einen Wert von € 12,50.

b) Gründe können sein, dass die Aktiengesellschaft über hohe stille Rücklagen verfügt, die in der Bilanz nicht erkennbar sind.

c) Die Kapitalerhöhung beträgt € 12 Mio., der Nominalwert der jungen Aktien € 10. Folglich werden 1.200.000 junge Aktien emittiert. Pro emittierte junge Aktie erhält die Aktiengesellschaft den Emissionskurs, also € 30. Der Zufluss an liquiden Mitteln errechnet sich aus der Anzahl der jungen Aktien multipliziert mit dem Emissionskurs, also: 1.200.000 * 30 = € 36 Mio. Die Ausgabe- oder Emissionskosten verursachen einen Liquiditätsabfluss in Höhe von 15 % auf die nominale Kapitalerhöhung, also 15 % * 12 Mio. = € 1,8 Mio. Folglich beträgt der Nettoliquiditätszufluss € 34,2 Mio.

d) Die Anzahl der alten Aktien n_a wird über das gezeichnete Kapital bestimmt.

$$K_M = \frac{K_a * n_a + K_{EM} * n_j}{n_a + n_j} = \frac{36 * 2.400.000 + 30 * 1.200.000}{2.400.000 + 1.200.000} = 34.$$

Da der Nennwert der alten Aktien € 10 beträgt und das gezeichnete Kapital mit € 24 Mio. angegeben ist, sind folglich 2.400.000 alte Aktien im Umlauf. Der Mischkurs beträgt € 34. Das Bezugsrecht ermittelt man durch Subtraktion des Mischkurses vom Kurs der alten Aktien. Es beträgt € 2.

Aufgabe 4.6:
Die Bilanz nimmt nach der Kapitalherabsetzung folgendes Bild an:

Bilanz der Aktiengesellschaft in Tsd. €			
Anlagevermögen	600	Gezeichnetes Kapital	600
Umlaufvermögen	1.200	Rücklagen	300
		Verbindlichkeiten	900
	1.800		1.800

Aufgabe 4.7:
Im Unterschied zum Eigenkapital übernimmt das Fremdkapital eine reine Finanzierungsfunktion. Es ergänzt die Kapitalausstattung eines Unternehmens neben dem Eigenkapital.

Aufgabe 4.8:
Die Unterteilung in der Handelsbilanz umfasst die Positionen Rückstellungen, Verbindlichkeiten und passive Rechnungsabgrenzungsposten.

Aufgabe 4.9:

$$r = \frac{S * 360}{z - s} = \frac{2 * 360}{14 - 8} = 120$$

Es wird zunächst der Jahreszins im Falle der Inanspruchnahme des Zahlungsziels berechnet. Dieser würde 120 % betragen. Danach werden die Kosten der Zahlung bis zum letzten selbst bestimmten Zahlungstermin = Fälligkeit des Festgeldes (bei Verzicht auf Skontoabzug) mit den Kosten der Zahlung innerhalb der Skontofrist (bei Inanspruchnahme des Kontokorrentkredites) verglichen. Es ist leicht zu erkennen, dass eine Zahlung innerhalb der Skontofrist empfehlenswert ist.

Aufgabe 4.10:

a) Das Wandlungsverhältnis ist mit 10:2 angegeben. Folglich erhält der Anleger für nominal € 100 der Wandelanleihe bei Umtausch Aktien zum Nominalwert von € 20, also 2 Aktien zu einem Nominalwert von € 10. Die Kapitalerhöhung ist auf € 80 Mio. festgesetzt. Das Nominalkapital der Wandelanleihe bestimmt sich nach folgender Formel:

$$\frac{\text{Nominalkapital Wandelanleihe}}{\text{Nominalwert der jungen Aktien}} = \frac{x}{80 \text{ Mio}} = \frac{10}{2}.$$

Es beträgt folglich € 400 Mio. Bei einem Nominalwert von € 10 pro junge Aktie werden die € 80 Mio. der Kapitalerhöhung durch 8 Mio. Aktien dargestellt und entsprechen demnach den € 400 Mio. Nominalkapital der Wandelanleihe (= 4 Mio. Stück). Von den alten Aktien sind 20 Mio. Stück zu € 10 (Grundkapital = € 200 Mio.) im Umlauf. Da das Grundkapital von 200 Mio. Aktien zu € 10 und die Kapitalerhöhung durch 4 Mio. Stück Wandelanleihen zu € 100 dargestellt werden, verbriefen Bezugsrechte von fünf alten Aktien den Bezug einer Wandelanleihe zu nominal € 100.

b) Das Fremdkapital erhöht sich bei vollständiger Übernahme um € 400 Mio. Das Disagio bleibt unberücksichtigt, da § 253 Abs. 1 Satz 2 HGB vorschreibt, Verpflichtungen zu ihrem Rückzahlungsbetrag anzusetzen. Das Eigenkapital gestaltet sich im Jahr 2008 so, dass durch Wandlung der Nennwert um € 40 Mio. (50 % von € 80 Mio.) steigt. Die Kapitalrücklage erhöht sich um € 160 Mio. (gewandeltes Fremdkapital minus Nennwert der Aktien) sowie um die Zuzahlung von je € 15 pro Aktie, also € 60 Mio. (50 % von 8 Mio. junge Aktien). Das Eigenkapital nimmt folglich um € 260 Mio. zu. Die Position Fremdkapital steigt um

€ 200 Mio. (€ 400 Mio. für Emission der Wandelanleihe minus 50 % von € 400 Mio., die bereits gewandelt sind).

Aufgabe 4.11:
Die Selbstfinanzierung im engeren Sinn erfolgt durch die Einbehaltung von Gewinnen, die nicht an die Eigenkapitalgeber ausgezahlt werden (= Gewinnthesaurierung). Voraussetzung hierfür ist, dass ein Gewinn erzielt wurde. Da die Selbstfinanzierung grundsätzlich durch die Bildung von Rücklagen erfolgt, unterscheidet man in Hinblick auf die Bilanzwirkung zwischen offener und stiller Selbstfinanzierung.

Aufgabe 4.12:
Über den Umsatzprozess kommt es so zu einem Zufluss an Zahlungsmitteln, der für die verschleißbedingte Erneuerung der Anlagegüter vorgesehen ist. Da die eigentliche Ersatzbeschaffung jedoch erst zu einem späteren Zeitpunkt erfolgen muss, kommt es zunächst nicht zu Auszahlungen. Es kommt zur vorübergehenden Kapitalfreisetzung, denn die Mittel stehen für Finanzierungen zur Verfügung. Diese Wirkung der Abschreibungen wird als Kapitalfreisetzungseffekt bezeichnet. Werden die Finanzmittel reinvestiert, dann können Investitionen getätigt werden, ohne dass zusätzliche Mittel gebunden werden. Wird das freigesetzte Kapital für Erweiterungsinvestitionen genutzt, findet eine Kapazitätsausweitung statt, die als Kapazitätsausweitungseffekt der Abschreibungen bezeichnet wird.

Aufgabe 4.13:
Factoring ist ein Finanzierungsgeschäft, bei dem eine Factoringgesellschaft die Forderungen eines Unternehmens aus Lieferungen und Leistungen ankauft. Dem Charakter nach handelt es sich beim Factoring um einem Aktivtausch, der die Kreditwürdigkeit des Unternehmens erhöht.

Aufgabe 5.1:
Die Aufgaben des Cash-Managements sind vielfältig und unternehmensindividuell unterschiedlich. Üblicherweise werden im Cash-Management die Teilbereiche Liquiditätsplanung (Erfassung künftiger kurzfristiger Zahlungsbewegungen), Liquiditätsdisposition (Kassenhaltung, kurzfristige Aufnahmen und Anlagen von Cash) und die effiziente Organisation des Zahlungsverkehrs (z.B. Netting und Pooling) zusammengefasst. Häufig

nimmt in Unternehmen das Cash-Management nur die Organisation des Zahlungsverkehrs wahr; die anderen Teilbereiche sind anderen Abteilungen zugeordnet.

Aufgabe 5.2

Die Summe aller diskontierten EVAs ergibt 442.000. Zu dieser Position muss der heutige Wert der NOA addiert und die Finanzschulden von ihr subtrahiert werden. Folglich berechnet sich der Wert des Eigenkapitals mit € 1.142.000 (vgl. nachfolgende Tabelle).

Jahre	1	2	3	4	5	6
Barwertfaktor der Kapitalkosten	0,91	0,83	0,75	0,68	0,62	0,56
NOA = investiertes Kapital (Aktiva minus Kreditoren); immer Anfangsbestand	1.700	1.752	1.827	1.834	1.953	1.904
NOPAT	392	320	132	264	280	280
Kapitalkosten auf NOA	170	175	183	183	195	190
EVA (NOPAT minus Kapitalkosten)	222	145	-51	81	85	90
EVA diskontiert	202	120	-38	55	53	50

Aufgabe 5.3:

Beim Risikotragfähigkeitskalkül wird überprüft, ob ein Unternehmen die eingegangenen Risiken überhaupt wirtschaftlich tragen kann; das Chancen-Risiko-Kalkül hingegen prüft, inwieweit sich das Eingehen von Risiken für ein Unternehmen lohnt.

Aufgabe 5.4:

Der Finanzmanager hat in erster Linie Ergebnisverantwortung für seine finanziellen Entscheidungen. De Finanzcontroller hat die Aufgabe, den Finanzmanager in die Lage zu versetzen, dass dieser optimale Entscheidungen treffen kann. Zu diesem Zweck stellt er dem Finanzmanager die hierfür benötigten Informationen nachvollziehbar aufbereitet zur Verfügung.

Aufgabe 5.5:
Die Unternehmensbewertung auf der Basis extern verfügbarer Daten ist insofern wichtig, da nicht zuletzt weltweit agierende Rating-Agenturen diese Daten nutzen. Ein solches Ranking kann für ein Unternehmen weitreichende Auswirkungen auf die Bonitätsbewertung und damit auf die Zinszahlungen haben.

Aufgabe 5.6:
Neben anderen Aspekten haben insbesondere die zunehmende Globalisierung auf den Absatz- und Beschaffungsmärkten mit entsprechenden Parallelentwicklungen auf den Finanzmärkten, der verstärkte Einsatz von modernen Finanzierungsinstrumenten (Finanzinnovationen) sowie deutliche Fortschritte in der Informations- und Kommunikationstechnologie mit Auswirkungen auf die Finanzierungsprozesse zu veränderten Aufgabengebieten des Finanzcontrollings geführt.

Aufgabe 5.7:
Dividiert man die Summe der gewichteten Barwerte durch den aktuellen Kurs des Wertpapiers, erhält man den Wert der Duration. Die Duration beträgt 4,4 Jahre und ist wie folgt zu interpretieren: Je niedriger die Duration ist, desto geringer ist auch das Zinsänderungsrisiko in Form einer Änderung des Kurswertes einer Anleihe.

Zahlungszeit-punkt	Zins- und Tilgungsraten	Barwerte	gewichtete Barwerte
(1)	(2)	(3)	(1) * (3)
1	7	6,60	6,60
2	7	6,23	12,46
3	7	5,88	17,63
4	7	5,54	22,18
5	107	79,96	399,78
Summe		104,21	458,66

Literaturempfehlungen

Breuer, Wolfgang: Finanzierungstheorie – Eine systematische Einführung, Wiesbaden 1998.

Drukarczyk, Jochen: Finanzierung, 7. Auflage, Stuttgart 1999.

Franke, Günter/Hax, Herbert: Finanzwirtschaft des Unternehmens und Kapitalmarkt, 4. Auflage, Berlin 1999.

Perridon, Louis/Steiner, Manfred: Finanzwirtschaft der Unternehmung, 11. Auflage, München 2002.

Schäfer, Henry: Unternehmensfinanzen – Grundzüge in Theorie und Management, Heidelberg 2002.

Schmidt, Reinhard/Terberger, Eva: Grundzüge der Investitions- und Finanzierungstheorie, 4. Auflage, Wiesbaden 1997.

Schneck, Ottmar: Finanzierung, Frankfurt 2001.

Spremann, Klaus: Wirtschaft, Investition und Finanzierung, 5. Auflage, München 1996.

Süchting, Joachim: Finanzmanagement – Theorie und Politik der Unternehmensfinanzierung, 6. Auflage, Wiesbaden 1995.

Wöhe, Günter/Bilstein, Jürgen: Grundzüge der Unternehmensfinanzierung, 9. Auflage, München 2002.

Wolf, Klaus/Runzheimer, Bodo: Risikomanagement und KonTraG. – Konzeption und Implementierung, 3. Auflage, Wiesbaden 2001.

Stichwortverzeichnis

Aktien 107
Aktionäre, Rechte der 105ff.
Anleihe 123ff.
 -, Options- 133ff.
 -, Wandel- 132f.
Asset-Backed-Securities 143f.
Ausgaben 27

Barwert 8
Beta-Faktor 67ff.
Bewegungsbilanzen 38f
Bezugsrecht 107f., 111ff.
Bilanzkennzahlen 41ff
Bilanz 58
Bilanzregel, goldene 43f.
Business-Angels 118

Capital-Asset-Pricing-Modell 49, 66ff.
Cashflow 21
Cash-Management 167ff.
CFROI 157ff.
Commercial-Paper 131

Darlehen 121ff.
 -, Schuldschein- 122f.
Duration 164ff.

Einflussfaktoren
 ,- mengenbezogen 29 ff.
 ,- realwirtschaftliche 28 ff.
 ,- wertbezogen 34f
 ,- zeitbezogen 34
Einnahmen 27
Euro-Note 130f.
EVA 159ff.

Faktoring 141f.
Finanzcontrolling 153ff
Finanzierung
 -, Anlass der 97
 -, aus Abschreibungen 137ff.
 -, aus Pensionsrückstellungen 140
 -, aus Rückstellungen 140
 -, aus Vermögensumschichtungen 141
 -, Außen- 97, 98ff.
 -, Beteiligungs- 98, 100ff.
 -, Eigen- 97
 -, Fremd- 97, 119ff.
 -, Innen- 97, 135ff.
 -, Selbst- 135ff.
Finanzierungs-
 ,- arten 96
 ,- instrumente 96ff., 127ff.
 ,- politik 41ff.
 ,- regel, goldene 42
Finanzplanung 26ff., 35ff.
 ,- elastische 39
 ,- kurzfristige 36f.
 ,- langfristige 37ff.
 ,- rollierende 40
 ,- alternative 40
Floating-Rate-Note 125

Genussscheine 131
Gewinnthesaurierung 135ff.

Innenfinanzierungskraft 77
Interessengruppen 2

Kapazitätsausweitungseffekt 137
Kapital
 -, abstraktes 17
 -, Eigen- 11
 -, Fremd- 11
 -, konkretes 17
Kapitalbedarf 27ff., 37
Kapitalbindungsplan 39
Kapitalerhöhung 108
 -, bedingte 114
 -, Dividenden- 117
 -, genehmigte 114

-, ordentliche 109ff.
Kapitalfreisetzungseffekt 137
Kapitalherabsetzung 117
Kapitalkosten
  ,- Eigenkapital- 11, 52, 65ff., 101f.
  ,- Fremdkapital- 11, 60ff.
  ,- Gesamt- 49, 70ff.
  ,- Grund- 101
Kapitalkostensatz 70f.
Kapitalstrukturrisiko 45
Kredit
  -, Akzept- 130
  -, Aval- 130
  -, Kontokorrent- 128f.
  -, Kunden- 128
  -, Lieferanten- 127f.
  -, Lombard- 129
Kreditfähigkeitsprüfung 120
Kreditsubstitute 141ff.
Kreditwürdigkeitsprüfung 119

Leasing 144f.
Leverage-Effekt 46ff.
Liquidität 19, 72
  - dynamische 75ff.
  - absolute 20, 75f.
  - relative 20, 77
  - statische 73ff.
Lohmann-Ruchti-Effekt 137ff.

Marktbewertungslinie 66
Medium-Term-Notes 131
Modigliani-Miller-These 50ff
Multi-Currency-Note 126

Principal-Agency-Theorie 5f.

Optionsschein 133f.

Renditeanspruch 99
Renditeforderung 52
Rentabilität 18
  ,- Eigenkapital- 47

,- Gesamtkapital- 47
Return-on-Investment (ROI) 18
Risiko 78ff.
  ,- Adressausfall- 82ff.
  ,- Betriebs- 87
  -, controlling 161ff.
  ,- Marktpreis- 85
  ,- Liquiditäts- 82
  ,- Rechts- 88
  ,- systematisches 67
  ,- unsystematisches 67
Rücklagen
  -, offene 135
  -, gesetzliche 135
  -, stille 136
Rückstellungen 11, 140f.
  -, Pensions- 140

Shareholder 3
Shareholder-Value 3
Stakeholder 3
Schuldverschreibung
  -, Gewinn- 132
  -, Wandel- 132

Unternehmen
  ,-Marktwert 51
  ,- Unabhängigkeit der 59
Unternehmenssteuerung 156ff.

Venture-Capital 118
Vermögensanspruch 99
Vermögensumschichtungen 140f.
Verschuldungsgrad 44
  -, optimaler 48ff.

Working-Capital 73

Zero-Bonds 126
Ziele, finanzwirtschaftliche 2
Zins
  -, Effektiv- 61ff., 123
  -, Nominal- 61, 123
Zinsstrukturkurve 86

Wirtschaft für Einsteiger

Die wichtigsten Fachbegriffe für Studium und Beruf

Die 2.700 wichtigsten Wirtschaftsbegriffe aus Management – Finanzen – Marketing – Bilanzierung und Controlling – Produktion und Logistik – Volkswirtschaft – Recht und Steuern – eCommerce u.v.m.

Ob in Ausbildung, Beruf oder Alltag – jeder von uns wird täglich mit verschiedenen Wirtschaftsbegriffen konfrontiert. Doch nicht jeder kann auf eine breite wirtschaftliche Vorbildung zurückgreifen. Das Gabler Kompakt-Lexikon Wirtschaft bietet in 2.700 Begriffen das wichtigste Wirtschaftswissen zum Nachschlagen, Verstehen und Anwenden.

Es stellt leicht verständlich die gebräuchlichsten Wörter der Betriebs- und Volkswirtschaft dar. Die 8. Auflage erklärt Ihnen vor allem die neuen Entwicklungen des eCommerce, des zukünftigen Europas sowie aktuelle Tendenzen in Marketing, Steuern und Finanzen. Zahlreiche Graphiken und Übersichten sowie das abgestimmte Verweissystem machen dieses Lexikon zu einer wertvollen Arbeitshilfe für jedermann.

Gabler Kompakt-Lexikon Wirtschaft
2.700 Begriffe nachschlagen, verstehen, anwenden
8., vollst. überarb. u. erw. Aufl. 2001. VIII, 368 S.
Br. € 19,50
ISBN 3-409-89161-7

Änderungen vorbehalten. Stand: März 2002.

Gabler Verlag · Abraham-Lincoln-Str. 46 · 65189 Wiesbaden · www.gabler.de

If you have any concerns about our products,
you can contact us on
ProductSafety@springernature.com

In case Publisher is established outside the EU,
the EU authorized representative is:
**Springer Nature Customer Service Center GmbH
Europaplatz 3, 69115 Heidelberg, Germany**

Printed by Libri Plureos GmbH
in Hamburg, Germany